他者との相互作用を通した幼児の造形表現プロセスの検討

佐川　早季子　著

風　間　書　房

目　次

はじめに ……………………………………………………………… 1

第Ⅰ部　本研究の問題と目的 ……………………………………… 5
第1章　他者との相互作用を通した幼児の造形表現プロセスの検討
　　　　への視座 ……………………………………………………… 7
　第1節　他者との相互作用を通した幼児の造形表現を研究する意義 …… 7
　第2節　本研究の理論的枠組み ………………………………… 13
　第3節　乳幼児期から児童期にかけての製作研究の課題 ……… 26
　第4節　本研究の分析枠組み …………………………………… 45
　第5節　本研究の研究課題と分析の視点 ……………………… 52
　第6節　本研究の構成 …………………………………………… 60

第2章　方法 ………………………………………………………… 65
　第1節　本研究における方法論的立場 ………………………… 65
　第2節　観察の方法 ……………………………………………… 74

第Ⅱ部　製作における幼児間の相互作用の諸位相
　　　　──視覚・身体・言語── ……………………………… 83
第3章　言語的位相での協働製作の成立過程 …………………… 85
　第1節　本章の目的 ……………………………………………… 85
　第2節　方法 ……………………………………………………… 86
　第3節　幼児間でのモチーフの共有過程の分析 ……………… 89
　第4節　考察 ……………………………………………………… 100

第 4 章　製作における視覚的位相での相互作用 ……………………… 105
　第 1 節　本章の目的 ……………………………………………………… 105
　第 2 節　方法 ……………………………………………………………… 106
　第 3 節　他児の製作物の注視を通した表現の触発プロセス ………… 108
　第 4 節　考察 ……………………………………………………………… 121

第 5 章　製作における身体的位相での相互作用 ……………………… 125
　第 1 節　本章の目的 ……………………………………………………… 125
　第 2 節　方法 ……………………………………………………………… 127
　第 3 節　幼児がモノを「見せる」行為の機能とその時期的相違 …… 130
　第 4 節　考察 ……………………………………………………………… 138

第 6 章　幼児間の関係性の変化に伴う相互作用の機能と
　　　　　製作プロセスの時期的相違 ………………………………… 143
　第 1 節　本章の目的 ……………………………………………………… 143
　第 2 節　方法 ……………………………………………………………… 144
　第 3 節　幼児間の関係性の変化に伴う「見せる」行為の機能と
　　　　　製作プロセスの時期的相違 ………………………………… 146
　第 4 節　考察 ……………………………………………………………… 157

第 7 章　製作における言語的位相での相互作用 ……………………… 161
　第 1 節　本章の目的 ……………………………………………………… 161
　第 2 節　方法 ……………………………………………………………… 162
　第 3 節　「つくる」活動と「つくったモノで遊ぶ」活動の展開プロセス
　　　　　の時期的相違 …………………………………………………… 169
　第 4 節　考察 ……………………………………………………………… 193

第Ⅲ部　総合考察 …………………………………………… 197
第 8 章　総合考察 …………………………………………… 199
　第 1 節　各章の総括 ……………………………………… 200
　第 2 節　本研究の理論的意義と限界 …………………… 218
　第 3 節　本研究の方法論的意義と限界 ………………… 221
　第 4 節　今後の課題 ……………………………………… 223

初出一覧 ……………………………………………………… 225
引用文献 ……………………………………………………… 227
謝辞 …………………………………………………………… 237

はじめに

　幼児は，狭義の言葉だけではなく，紙を破る，モノ[1]を置く，相手にモノを見せる[2]，相手のモノにまなざしを向けるといった様々な「言葉」で語り，眼前のモノや人と対話している。

　筆者は，保育室の一角に設けられた製作コーナーで，幼児が様々な素材や道具を用いて製作する場面を観察するうちに，幼児の語る「言葉」に惹かれるようになった。例えば，4歳児クラスの春頃，以下のようなやりとりが観察された。

　　　製作コーナーで，ゆきが空き箱を手にとって「おかしつくらないと」と言うと，それを見たりょうたが「りょうちゃんも，おかしつくらないと」と言って，空き箱を手に取る。りょうたは，素材かごからチラシを取ると，重ねてはさみで切り，切った紙きれを空き箱の中に入れていく。りょうたは「ゆきちゃんも同じやつつくって」と言うが，ゆきは「つくれないよー」と言う。りょうたは，ゆきに「こうやってね，見てて」と言いながら，チラシをはさみで切る。それを見ていたゆきも同じようにする。りょうたは，はさみを置き，手でチラシを破ると，驚いた表情で「うわ，長くなったよ，ほら」と言い，ゆきに見せる。ゆきは，それを見て，にこっと笑い，自分も同じように紙を手で破り，「ゆきちゃんも」と言って，りょうたに見せる。二人は，互いの破った紙を見せ合って，微笑み合う。

〔本書第6章より抜粋，いずれも仮名〕

　この場面で，りょうたとゆきは，一緒に「おかしをつくる」という活動を

---

[1] 本研究では，単なる物質としての「もの」「物」ではなく，幼児の製作や行為の対象となり，相互作用の媒介となるものであることを指して，「モノ」という表記を用いる。
[2]「みる」「みせる」の漢字表記について，先行研究を引用する場合には原文の表記に従うが，本研究では「見る」「見せる」という表記を用いる。「見る」という漢字表記が「視覚によって物の形・色・様子を知覚する」（大辞林，2006）という意味で，一般的に広く用いられているためである。

行っている．りょうたは，ゆきに，自分と同じように‘おかし’をつくってほしいと思っている．そのため，最初ははさみを使ってチラシを切るという方法を教えるが，その後，チラシを手で破ってみたところ，予想外の結果になり，思わずゆきに「うわ，長くなったよ，ほら」と見せている．ここでは，はさみを使って切る場合と，手で破る場合とでは，紙が異なる表情を見せることへの発見がある．このように，幼児は，素材を眺めたり手でいじったりするうちに，素材の視覚的特徴や物理的特徴をつかみ，それに応じた変形をする．その変形に対してモノが応答し，幼児は新たな発想を得ていくというように，幼児はモノと対話している．

次に，モノを介した他児との対話がある．りょうたは，紙切れを見せることで，ゆきに自分の発見を伝えている．このモノを「見せる」という行為には，自分の発見を相手と共有し，一緒に楽しみたい，面白がりたいという共感の欲求が表れていると考えられる．その応答では，ゆきも，りょうたと同じように手で紙を破り，「ゆきちゃんも」と言って，モノを見せ，同じようなモノをつくったことを伝えている．このように同じモノを見せることで，りょうたとゆきは，一緒に製作し，一緒に遊んでいることを確認し合い，一体感を感じていると考えられる．

筆者は，製作コーナーの観察をする中で，狭義の「言葉」のみに依らない，このような非言語的な「言葉」を，特に4歳児クラスで頻繁に目にした．5歳児クラスでは，幼児同士が製作目的を言葉で共有し，自他の役割を言葉で交渉して製作を進める事例が見られたが，4歳児クラスでは，言葉を発する前に，自分と同じような製作をしている他児の隣にさりげなく移動したり，互いの製作の進行状況に目配せしたり，自分の製作物を見せたりしながら，非言語的に他児とかかわる姿が多く見られた．そこに，まなざしや居方を微妙に調整しながら，幼児同士が共鳴する4歳児の協働の姿があるように見受けられ，人間の協働の原型を見るように感じた．そこで，言語という明示的な手段に伴う，身体や視線による相互作用で成り立つ萌芽的な協働，しかも

他者との相互作用を通して生まれる造形表現を研究したいと考えた。どのような相互作用が協働での造形表現を可能にし，造形表現がどのように生まれるのか，これが本研究のリサーチ・クエスチョンである。

なお，この「協働」「協同」の概念が，教育の文脈で語られるとき，「共同」「協同」「協働」と，様々な用語が使われる。秋田（2000）は，これらの用語について，グループ内で課題を分担して作業を行う共同作業（co-operation 同じ対象に働きかける）と，グループとして何かを共有する協働学習（collaboration 共に働く，耕す）を分けて考えており，一つの課題解決や目標に向かって各自が分担し，最終的に結果や作品を共有することが「共同」であるのに対して，その共同に至る過程を共有し，交流・探求することで互恵的に学び合うことが「協働」であると述べている（秋田，2000，p.76）。本研究で，主な分析対象とする4歳児の事例は，幼児同士で一つの課題解決や目標に向かう事例ばかりではなく，幼児が他児と同じ活動を行う過程で交流・探求し，互恵的に影響を受け合い，新たな発想や表現を行う事例を多く含む。そこで，本研究では，秋田（2000）と同じ意味で，「協働」という表記を用いる。

また，本研究では，「造形」「製作」「表現」という語を，以下のように区別して表記する。平面・立体を問わず，モノをつくり表すことを指して「造形」という語を用い，幼稚園や保育園で，幼児が空き箱などの身近な素材を使って，立体でモノをつくり表すことを指して「製作」と表記する。そして，それらの造形や製作を行う中で，モノに想像上の意味を付与し，幼児がモノに痕跡を加えることを指して「表現」と表記する。さらに，「相互作用」を，行為主体のどちらかが一方的に影響を受けるのではなく，行為主体間が双方向的に影響し合うことと定義する。なお，相互作用の相手が子どものみである場合には「他児」，保育者や観察者，保護者といった大人も含む場合には「他者」と表記する。また，幼児期の子どもは「幼児」，児童期の子どもは「児童」，幼児期から児童期の子どもを含む場合は「子ども」と表記する。

第Ⅰ部　本研究の問題と目的

第1章　他者との相互作用を通した
幼児の造形表現プロセスの検討への視座

　本章では，第1節で他者との相互作用を通してなされる幼児の造形表現を研究する意義を論じ，造形表現の中でも自由遊び場面の廃材などを用いた製作に焦点を絞ることについて述べる。第2節では，他者との相互作用を通してなされる幼児の造形表現を研究するための理論的枠組みとして，社会文化的アプローチの視座に立ち，主要な概念となる「媒介」について説明するとともに，「媒介」概念を通して捉えられる「共同注意」の理論について述べる。第3節では，乳幼児期から児童期にかけての製作に関する先行研究の知見を概観し，課題を整理する。第4節では，本研究の分析視点として，言語的位相・身体的位相・視覚的位相での相互作用に着目することについて述べる。第5節では，先行研究の概観から導出された研究課題と，それらの研究課題を明らかにするための分析視点について整理し，第6節で本研究の構成について述べる。

第1節　他者との相互作用を通した幼児の造形表現を研究する意義

1．日本の幼児造形表現教育における「子ども個人の表現」観の背景
　これまで，造形表現は，個人という活動主体を単位とする活動と考えられてきた（松本，2004）。そのため，主に描画において子ども個人の造形表現がどのように発達するのかといった観点から検討がなされてきた（Luquet, 1927/1979；Kellog, 1969/1979；Gardner, 1980/1996）。その上，日本の幼児造形表現教育においては，「心の中を思いきり」「思いのまま」「自由に表現させる」といった教育観が基本的な構えとなっている（花篤，1999, p.18）。このよう

な子ども中心の造形表現教育観は，第二次世界大戦後の創造主義教育に端を発している。

戦後日本の創造美育協会を中心とする創造美育運動（以下「創美」と略す）は，美術教育を通して「子どもの内面的な成長」（柴田，1992）や「子どもの精神の解放」（山田，1991）を助けることにより，創造的で調和のとれた人間形成を行うことを目標にした民間運動である。この運動は，戦前の技術主義的で実利主義的な美術教育観への反動から，1950年代以降，美術教育界に大きな影響を与えてきた。しかし，子どもの造形表現作品，おもに描画を子ども個人の「深層心理からの要求の充足」（花篤，1999）と捉える創美の理念は，造形表現を子ども個人の「内から外へ」の感情の表れであり，「自己の表現」であると捉える傾向が強いため，創美の理念とは離れたところで，子どもが現実世界を知覚し，再現したり模倣したりする「外から内へ」の作用（佐藤，1999）を軽視する傾向を生んだ。

このような造形表現の考え方の問題の一つは，「表現されるべき自己がすでにでき上がっていてそこにあり，芸術は単にそれを外に出すだけだとされる点」にあるとされる（宮崎，2012，p.202）。人の心の営みを社会や文化の状況に関係づけて捉える社会文化的アプローチから見れば，芸術や表現は，「ひとつの活動，自己を作り出す活動として考えられなければならない。またそれは同時にまわりの世界を認識する活動であり，そのことによって自己を作り出す活動」（宮崎，2012，pp.202-203）と考えられるからである。

造形表現・芸術は，単に感情の「内から外へ」の表れではなく，周囲の世界を認識し，それによって自己を新たにつくり出す活動であるとも言える。近年，このように，幼児の造形表現を，周囲の他者やモノとのかかわりから捉える研究が現れている。以下，周囲の他者や環境とのかかわりを考慮して，幼児期の造形表現を検討した研究について，幼児間の模倣から造形表現を捉える研究，幼児間の相互作用から造形表現を捉える研究，遊びの中での造形表現を捉える研究の順に述べる。

2．幼児間の模倣から造形表現を捉える研究

　周囲の他者や環境とのかかわりを通してなされる造形表現を，幼児間の模倣に着目して捉える研究に，奥の一連の研究（奥，2003；2004a；2004b；2005；2008；2010；2011；2012）がある。奥は，4・5歳児の描画過程における幼児間の模倣の大多数が創造の契機となり，表現もしくは表現の展開への原動力として効果を発揮するものであることを明らかにした上で（奥，2010；2011），4・5歳児間の模倣を「積極的な情報収集であったり，表現イメージの摂取であったり，あるときは表現の展開に組み込み，別の場合は現状打破の策であったりすることから，肯定的なスキルとして受け入れたいもの」（奥，2004b，p.70）としている。奥の一連の研究は，自分の内にあるものを外へと出すだけでなく，他児と相互作用を行う中で外から内へと情報を取り込み，幼児が造形表現を行っていることを示している点で，従来の造形表現観では捉えられなかった視点を提示している。

　さらに，奥の研究は，4・5歳児間の模倣を，創造の契機としてのみ捉えるのではなく，「コミュニケーションツール」としても位置づけることができると指摘し（奥，2005；奥，2011；奥，2012），その根拠を「模倣能力は他者の行為を心的な枠組みで理解する能力の発達に影響を与え，同様の行為を共有することから，他者理解につながり，やがて共感的理解へと向かう可能性を含むもの」（奥，2005，p.44）と述べている。このような理由から，模倣が他者とかかわる手段となっている場面では，4・5歳児間の模倣が，幼児間の共感する関係性を支え，遊びや表現の展開を生んでいることが示唆されている。

　しかし，奥の一連の研究では，4・5歳児が模倣を行う場面での幼児間の相互作用については明らかにされていない。奥の一連の研究は，幼児が座っていた位置による模倣の差を分析するなどして，幼児が模倣を行う過程を考慮しているとは言えるが，基本的に幼児の描画から模倣における情報取得を読み取るという分析方法を採用している。そのため，模倣を創造へと変える

幼児同士の発話や非言語的相互作用は十分に検討されていない。幼児が自分なりの造形表現を生み出し創造する過程を捉えるには，造形表現の成果物だけではなく，幼児の言語的・非言語的相互作用から造形表現プロセスを捉える必要がある。

3．幼児間の相互作用から造形表現を捉える研究

　幼児間の相互作用に着目し，描画における5歳児の「協働」[3]が成立する要因を検討した研究に，若山・岡花・一色・淡野（2009）・若山（2010）がある。これらの研究では，協働で描画を行う際の5歳児間の相互作用の特徴を検討し，「他児描画の言語化」，「連想」，「模倣」，「描き足し」といった特徴が，1枚の描画を複数の幼児が協働して完成させる要因となることを示している。そして，模倣が他児との一体感を生み出したり，アイデアを生み出しやすい雰囲気をつくり出す役割を果たしていることを指摘している。これらの研究は，奥の指摘同様，幼児の模倣が創造の契機となるだけでなく，他児との関係性にも作用することを示していると言える。

　ただし，上述の研究は，描画の題材や素材といった条件を実験者が提示する実験場面での検討である。模倣に関する奥の一連の研究は，大部分が一斉活動場面で描かれた「課題画」における模倣事例を対象としているが，奥（2010；2011）のみは，幼児に描画の条件を課すことなく，題材，素材，方法を幼児自身が決定して描く「自由画」における模倣事例を検討している。そして，課題画における模倣事例と自由画における模倣事例を比較・検討した結果，自由画における模倣の方が，他児に意思を伝える手段としての働きが強く見られ，模倣が幼児間のイメージの共有を促進し，共感的理解を深める働きが見られるとしている（奥，2010；2011）。その理由として，自由画の方が日常の遊びと同じような関係性の中で幼児が造形表現を行うためであると

---

[3] 若山ほか（2009）は，「協働」による描画を「複数名の意見を共有し交流しながら1つの作品を作ること」（若山ほか，2009，p.52）と定義している。

指摘する（奥，2010：2011）。すなわち，日常の中で幼児が行う遊びでは，遊ぶか遊ばないか，誰と遊ぶか，何を使って何をして遊ぶかという選択肢を幼児が有している。このような遊び場面では，幼児が誰と，何を使って，何をつくるかを交渉しながら，造形表現を伴う遊びを行っている。そのような場面では，模倣などにより他児に意思を伝えたり，共感を求めたりする機会がより多くなると考えられる。本研究では，このような他者との関係性に基づいた相互作用や，遊びの力動の中で行われる幼児の造形表現を研究し，幼児が同年齢他児と過ごす保育の場における遊びの中での表現を捉える視点を見出すことを目指す。

4．遊びの中での造形表現を捉える研究

　上述の先行研究は，すべて描画の研究であった。しかし，描画のような平面での造形表現と，立体での造形表現には異なる特徴があると考えられる。それは，立体での造形表現では，表現物が現実の三次元の世界と同じく立体であるため，手で持てたりつかめたりすることである。このような性質が，描画以上に，表現物を遊びの道具にすることを可能にする。立体の造形表現の中でも，特に，空き箱やトイレットペーパーの芯といった廃材，画用紙や折り紙と言った身近な素材の置かれた製作コーナーでの造形表現は，これまで造形表現教育の中ではほとんど周辺的なものとして扱われ，研究の対象にはされてこなかった。しかし，これらの造形表現は，粘土や砂といった可塑性のある素材にくらべ，軽量で持ち運びやすく，遊ぶ場を限定しない。このような固有性が，造形表現に2つの活動の水準をもたらしている。1つは造形表現そのものを楽しむ「つくる」活動であり，もう1つは，「つくったモノで遊ぶ」活動である。遊びの中で行われる造形表現には，この二つの活動の水準があると考えられる。

　表現物が遊びの道具となることを考慮し，幼児の遊びが行われている状況全体を視野に入れて造形表現を検討した研究に，松本，三浦，服部の研究が

ある(松本・服部,1999;三浦,2001;三浦,2002;松本,2004)。これらの研究は,幼児の造形表現を「相互行為」・「共同行為」として捉え,遊びが行われている「遊びのできごと」[4]という文脈状況全体の中に位置づける視座に立っている。松本(2004)は,このような視座について以下のように述べている。

> 他者とともに(中略)見たり,話したり,描きつくり合う相互作用・相互行為の過程で子どもは絵を描き,ものをケーキやアニメヒーローの道具へとつくり変え,幼稚園のお部屋の一部をレストランやお店屋さんへとつくり変えていく。子どもが他者と行う相互行為は,生活や遊びのできごと世界と,そのできごとを成り立たせる絵や工夫などの「遊びのできごと内の道具」や「遊びのできごとの場」とを同時に協働形成しており,この協働形成過程ができごとをかたちづくり,造形的行為(表現方法)と造形的に表現されるもの(表現対象)のはたらきや意味を成り立たせている(松本,2004,pp.156-157)。

すなわち,松本,三浦,服部の研究は,造形表現を遊びや他者との相互作用を通してなされるものとし,遊びや相互作用が行われる文脈状況の中で捉えている。そして,造形表現によって幼児が相互に文脈状況をつくり出し,生活や「遊びのできごと」世界の意味を成り立たせていると考えている。このように造形表現は,活動が行われる文脈で他者や環境との相互作用の中で成り立ち,表現することで意味世界を創り出していると考えられる。このように,造形表現が行われる文脈状況の中で,社会的相互作用を通してなされる造形表現を研究することは,幼児が同年齢他児と過ごす保育の場で,他者からの影響を受けながら自己表現を行い,他者とともに想像上の意味世界を創出する過程を明らかにするという点で重要である。

---

[4] 三浦(2001)は,「遊びのできごと」を,「幼児の遊びは想像的であるが,日常生活と完全に切り離されたものではないし,完全に非現実的なものでもない。できごとを生きる私は,自由に遊びのできごと世界からぬけだしたり,また戻って来たりすることが可能であるし,日常,身のまわりにある自然や事物,人工物,日常生活でのさまざまなできごと,家族や幼稚園の仲のよい友達(他者)などを遊びのできごとの資源として投入,引用することにより,(中略)状況的,相互的,協同的につくりあげて」いるものとしている(三浦,2001,p.38)。

そこで，本研究では，造形表現の中でも，日本の保育の場で生活や遊びに使用されることの多い，空き箱やトイレットペーパーの芯といった廃材，画用紙や折り紙と言った身近な素材を用いた製作を対象に，他者からの影響を受けて行う造形表現を検討することとする。

第2節 本研究の理論的枠組み

上述のように，造形表現を，活動が行われる文脈の中で，行為者と社会や環境との相互作用から捉える視座に立つのが，人間の行為を，社会的相互作用を通して理解しようとする社会文化的アプローチの立場である。本節では，1．で，発達・学習における社会的相互作用を理解する上で主要な概念だと思われる「媒介」概念に関する昨今の理論について説明し，媒介する道具・人工物が，どのように他者との協働やコミュニケーションを媒介しているか，そして，他者との協働やコミュニケーションがどのように媒介となる道具・人工物の使用を制御しているかを検討する手がかりとする。次に，2．で，「媒介」概念を通して捉えられる「共同注意」についての理論について説明し，協働を支える言語的・非言語的相互作用を検討する手がかりとする。

1．媒介

社会文化的アプローチとは，Vygotskyによる人間の発達と学習に関する理論に基づき，Vygotskyとその共同研究者たちが人間の精神活動について，新しい視点をもたらしたアプローチである。発達に関するVygotskyの主張は，以下に表れている。

> 子どもの文化的発達において，いかなる機能（精神過程）も，二度あるいは二つの平面で現れる。最初それは社会的平面で，それから心理的平面で現れる。最初それは人々の間に精神間カテゴリーとして，それから精神内のカテゴリーとして子どもの内部に現れる（Vygotsky, L. S., 1981, p. 163；Karpov, 2005, p. 19より引用）。

図 1-1　Vygotsky の「道具による媒介の三角形」

　「文化的発達の一般的な発生論的法則」と呼ばれる，この主張は，人間の発達・学習の基盤をなすのは，個人の精神内の変容というより，個人間の社会的相互作用，文化的実践，個人と社会の互恵的な変容であるという考え方に則っている。

　このような考え方の中心にあるのが，「媒介」概念である。図 1-1 は，媒介についての Vygotsky の考えのモデル化である。

　図 1-1 に見られるように，人間は，なんらかの記号や道具に媒介されて他者や対象と関係する（茂呂，2012，p.7）。Vygotsky は，行為を媒介する道具を，技術的道具と心理的道具とに分けている。技術的道具は，ノコギリなどの，いわゆる道具であり，「人間がその活動の対象にはたらきかける場合の先導者となる使命をになっている。それは外に向けられており，客体のなかにあれこれの変化を呼び起こ」すものである（Vygotsky, 1960/2005, pp. 114-115）。一方，心理的道具は，これとは異なる性質を持っており，「他人あるいは自分の行動に対する心理的作用の手段であり，人間自身の支配に向けられた内面的活動の手段である」（Vygotsky, 1960/2005, p.115）。この心理的道具は複雑なシステムであって，例として言語，記数法や計算のさまざまの形式，記憶術の諸工夫，代数記号，芸術作品，手紙，諸々の図式，図表，地図，設計図，あらゆる種類の記号，などをあげることができる（Vygotsky, 1987, p.31）。

　この技術的道具と心理的道具の関係について，Engeström は，媒介の第 1 のレベルと第 2 のレベルとして，媒介のレベルを区別し，階層的な特徴づ

けを行っている。

> 実際，私の解釈では，媒介の二つのレベルを区別することができる。媒介の第1のレベルは，ツールと身振りによる媒介が互いに切り離されている（身振りがまだ真の心理的ツールではない段階）。媒介の第2レベルは，対応する記号や他の心理的ツールと組み合わされたツールによる媒介である。（中略）心理的ツールの本質は，それが技術的ツール（人間の手も含む）を使い，作るという手続きを，協働的に，コミュニケーションを通じて，自覚的に形づくり，コントロールするための道具に発するということである（Engeström, 1987/1999, p. 54）。

これは，「第1のレベルにおいては，単に技術的道具が使用されているだけであり，何の心理的道具とも組み合わされていない。第2のレベルでは，技術的道具がそれを指示する記号や他の心理的道具と組み合わされて，技術的道具の使用や製作を，他者との協働やコミュニケーションを通じて制御するようになる」と言い換えられる（塚野，2012, p. 46）。技術的道具と心理的道具は質的に異なるとされ，技術的道具は，心理的道具と組み合わされることで，協働的にコミュニケーションでコントロールできるものとなる。

このVygotskyの「道具（技術的道具・心理的道具）による媒介の三角形」を発展させ，一般化したのがColeである。Cole（1993）は，道具の概念から始めるのではなく，より一般的な人工物（artifact）の下位カテゴリーとして道具の概念を扱う。そして，人工物とは，物質的・観念的な二重の性質をもつものとする。

> 人工物とは，物質世界の一つの側面であって，それは目標志向的な人間の行為に取り入れられ，長い歴史のなかで変形されてきた。人工物が創造され使用される過程で生じた諸変化によって，それは，同時に観念的（概念的）でもあり，物質的なものでもある。人工物は，その物の形態が，以前はその一部であり，現在は媒介しているものの相互作用に入り込むことによって形づくられたという意味で，観念的である（Cole, 1996a/2002, p. 162）。

このように定義することによって，言語を考える場合にも，物質的文化を

構成しているテーブルやナイフなどのもっと日常的な人工物の形にも，人工物の特質を同じように適応することができる。つまり，人工物という概念において，物質的なものとシンボル的なものは分かつことができず，両方の特性を備えていると主張している。

このような人工物の概念に基づき，Cole は，「人工物による媒介の三角形」を提示し，人間の認知の基礎的構造を示すものとした。

図 1-2 について，Cole は次のように説明している。

> 「自然的」（あるいは「無媒介的」）機能は，この三角形の底部に示されている。「文化的」（「媒介的」）機能は，三角形の頂点（人工物）を介して結び付けられた主体（subject）と環境（environment）（主体と対象，反応と刺激など）との間の関係である。（中略）活動のなかに道具が組み入れられると，新しい構造の関係がつくりだされ，そのなかで，（媒介された）文化的過程と（無媒介の）自然的過程が，相乗的に作用するのである。つまり，自らの目標を達成するために自分の環境を自己のものにするという能動的な行為によって，人々は，補助手段（重要なことだが，他の人々を含めて）をその行為に組み込むのである。そして，そのことによって，主体（subject）―媒体（medium）―対象（object）という，固有の三項関係が生じる（Cole, 1996a/2002, pp. 165-166）。

主体と対象とは，単に直接的に結びついているだけでなく，同時に，人工物からなる媒介物を通して間接的にも結びついている。しかし，Cole は，図 1-2 に示した最小の媒介構造は，それだけで社会的文脈における媒介された行為を示しているとは言えない，と述べ，文化・歴史的心理学を構築する

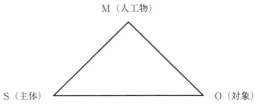

図 1-2　Cole の「人工物による媒介の三角形」（Cole, 1996a/2002, p. 165）

第1章　他者との相互作用を通した幼児の造形表現プロセスの検討への視座

には，人工物が媒介する事象に適切な人工物の集合について述べることができなければならない，と指摘する。そして，人工物の概念を練り上げるための有用な示唆を，哲学者 Wartofsky による人工物の三水準の階層に求めている。

　Wartofsky は，道具と言語を含めた人工物を，「人間の欲求や意図を対象化したもので，認知的，情動的内容がすでに備わっているもの」としている (Wartofsky, 1979, p.204)。そして，Cole は，Wartofsky の言葉をあげながら，第一水準から第三水準の人工物について，次のように説明している。

> 第一次水準は，生産に直接用いられる第一次的人工物からなる。例として彼は，「斧，こん棒，針，食べ物を入れる容器」をあげている（中略）。第二水準の人工物は，第一次の人工物やそれらを用いた行為の諸相についての概念からなる。第二次人工物は，行為や信念の諸相を保存し伝達する上で中心的な役割を演じる。それらには，調理法(レシピ)，伝統的な信念，規範，憲法などが含まれる。第三水準は，「相対的に自律的な『世界』を構成するようになった」人工物のクラスである。そこでは，規則，慣習やその結果がもはや直接的な実用性をもたない，言い換えれば，非実際的な「自由」遊び，ゲーム活動の舞台を構成するように見える (p.208)。ヴァルトフスキーは，このような想像上の世界を，第三次の人工物と呼んだ。このような想像的な人工物は，彼が示唆するところによると，私たちが実際に見ている「現実」の世界の見方に色彩を与え，実際の活動に変化を与える道具となる。現代心理学のコトバで言うならば第三次の人工物と相互作用して獲得した行動の様相は，それを用いた直接の文脈を超えて移行することが可能となる。ヴァルトフスキーは，この第三次の人工物の概念を芸術の世界と知覚の過程に適用した (Cole, 1996a/2002, pp.168-169)。

　Wartofsky の第一次人工物，第二次人工物の区別は，Engeström が示した媒介の第1のレベルと第2のレベルとも対応している。それに加えて，第三次人工物は，「自由」遊びや芸術など，現実世界に対し相対的に自立した世界を構成するようになった人工物の類であり，現実世界の実際的な制約から切り離された想像の世界を構成するものである。それによって現実の世界に対する新たな見方や知覚をすることが可能になると同時に，現実世界にも

変化を与えることができる。この第一次から第二次，第三次と人工物が高次になるにつれて，最終形態としてできあがった人工物を使うときに，他者との社会的相互作用が必要となる（石黒，2004, p.15）。

このように，Cole は，Vygotsky の「道具による媒介の三角形」を発展させ，「人工物による媒介の三角形」を提示した。そこでの人工物は，物質的・観念的な二重の性質をもつものであり，道具は，その下位カテゴリーにあるとされる。そして，Wartofsky の人工物の三水準に則り，人工物の概念を練り上げ，第一次から第二次，第三次人工物まで階層的に特徴づけている。Cole の理論に依拠すれば，幼児が遊びの中で行う造形表現は，表現物や素材に対し想像上のイメージや意味を付与し，現実世界の実際的な制約から切り離された想像の世界を構成するという点で，第三次人工物を構成しうる活動であると言える。そこで，これまで述べてきた媒介概念に基づき，本研究では，幼児の造形表現を，幼児と他者とモノによる媒介の三角形を基本構造とする活動とみなし，その活動の中での素材・道具・製作物といった人工物が，どのように他者との協働やコミュニケーションを媒介しているか，そして，他者との協働やコミュニケーションが，どのように素材・道具・製作物といった人工物の使用を制御しているかを見ていく。

2．共同注意

Cole は，「人工物による媒介の三角形」を提示し，人間の認知の基礎的構造を示した。しかし，そこでは文化面は強調されているものの，社会面が十分に関係づけられていない（菅井，2012）。Cole 自身も，媒介についての論を結ぶにあたって，人工物もそれに媒介された行為も単独では存在せず，それらは相互に，しかも，人間の社会的世界と織り合わされているのであり，人工物による非人間的世界への行為の媒介と並んで，対人的な関係の媒介を含めることができなければならないと述べている（Cole, 1996a/2002, p.167）。

この論を補うように，近年の社会文化的アプローチでは，「人による媒介

の三角形」のパラダイムが提示されている。「人による媒介の三角形」が議論されることになった発端は，Vygotskyが1932年に次のように書いていることが明らかにされたことによる。

> 他者による媒介，大人による媒介を通して，子どもは活動にとりかかる。絶対といってよいほど子どもの行動のすべては，社会的関係の中にあり，そこに起源がある。かくして子どもの現実との諸関係は，始めから社会的関係であり，それゆえ新生児は最高度に社会的存在であるといえる（Vygotsky, 1982-84；Ivic, 1989；菅井, 2012, p. 35より引用）。

このVygotskyの「人による媒介」は，子どもの文化的発達において，いかなる機能（精神過程）も，最初それは社会的平面で，それから心理的平面で，あるいは最初は人々の間に精神間カテゴリーとして，それから精神内カテゴリーとして子どもの内部に現れるという「文化的発達の一般的な発生論的法則」の基礎となる命題である。

この「人による媒介の三角形」は，図1-3のように図示できる（菅井, 2012）。

ロシアのネオ・ヴィゴツキー派の論者であるKarpovは，図1-3に見られるような「人による媒介の三角形」を採り入れ，子どもの発達論を展開している（Karpov, 2005）。その主要な考えを整理すると，図1-3において，主体S（子ども）とO（対象ないし環境）との相互作用の過程の中に，大人などの人の媒介Mが想定されることになる。主体Sとしての子どもは，媒介者としての大人によって，「心理的道具」が与えられ，それを習得し内面化するこ

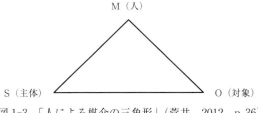

図1-3　「人による媒介の三角形」（菅井, 2012, p. 36）

図 1-4 「人による媒介の三角形」と共同注意（菅井, 2012, p.38）

とになる。つまり，心理的道具が子どもの精神過程を媒介するのである（菅井, 2012, p.36）。

欧米のヴィゴツキー理論の見直しと発展を目指す研究者らは，このような「人による媒介の三角形」の三項関係や三項図式を，共同注意を扱う際にも用いている（Tomasello, 1999/2006）。

図 1-4 の三角形において，主体 S と媒介としての人 M は，O（対象ないし環境）に対して共同で注意を向ける。Karpov は，ネオ・ヴィゴツキー派の立場から，「人による媒介の三角形」の中に共同注意を位置づけ，この主体と媒介となる人の両者がともに対象に共同で注意を向ける活動を「対象中心の共同活動」(joint object centered activity) と呼ぶ（Karpov, 2005）。Karpov は，対象中心の共同活動は，大人の媒介なしにはありえないと述べる。なぜなら，乳幼児がモノを物理的特徴に応じて操作するとき，モノの物理的特徴は目に見えるため，大人が近くにいなくても，乳幼児は一人で探索することが可能であるが，モノの社会的意味に応じて操作するときには，その社会的意味は，そこには"書かれていない"ため，大人の援助が必要となり，一人では発見できないからである（Karpov, 2005, p.110）。このように，対象に共同で注意を向ける活動における「人の媒介」の重要性が示されている。

以上のように，「人による媒介の三角形」は，人間の共同注意という基礎的・本質的な能力との関連でも取り扱われている。そこで，これより，「人による媒介の三角形」で捉えられる共同注意に関する理論を整理し，本研究の第 2 の理論的枠組みについて述べる。

図1-4の共同注意をめぐる「人による媒介の三角形」では，社会的認知としての共同注意が示されている。つまり，通常，乳幼児は大人（母親や養育者）を媒介として，母子が互いに同じ対象へ注意を向け合い，世界に対する意図的なかかわりを共有していることに両者が気づいている。そうした対象中心の共同活動を展開する中で，母親と子は意図的な主体同士として，互いに相手の意図を理解し相互調整しあうことになる（菅井，2012）。

このような共同注意の能力は，9ヶ月の時期に成立し，その種類について，Tomasello（1999/2006）は，①指さし（pointing），②視線追従（gaze following），③共同活動（joint engagement），④社会的参照（social referencing），⑤模倣学習（imitating learning），⑥提示（showing）をあげている。これらが出そろう時期としては，1歳代の前言語期と言えるが，これ以降の共同注意の発達的移行について，Bruner（1995/1999）は，大人の共同注意も含め，次のように展望している。

> 言語は，注意を枠づけし，文脈や背景的知識が導入されやすいように注意を維持する役割を果たす。つまり，子どもの頃の視覚的共同注意に始まり，言語が確立すると共同注意がより表象性を帯び（more ideational joint attention），専門的な意味共同体へと入っていくにつれて共有された前提的な注意へと移行する。このより深い意味での共同注意は，それが完成すると，文化を形成するだけでなく，その凝集性を維持していくことに貢献する（Bruner, 1995/1999, p. 14）。

Brunerは，人間の共同注意の発達を，視覚的なモノに対する共有から始まり，考えの共同注意（ideational joint attention）に到るという可能性を示し，乳児，幼児，児童期だけでなく成人にいたるまでの共同注意の発達的移行の展望を示している。ここでは，共同注意の枠組みの中で言語の役割が特徴づけられていると言える。

Tomasello（1995/1999）もまた，注意を操作する道具として言語の獲得と使用をあげ，共同注意行動の一つに加えることを提案する。Tomaselloは，人間が指示的にコミュニケーションを行うために言語を使うとき，他者の注意

を操作しようとすることは自明であると述べた上で，言語を使用すると，単純に指さしや提示をするよりも，操作的に注意を特定できること，そして，我々は視線の方向を変えることなく，文脈のある側面を意図的に他者に知覚させる試みとして，言語を指示的に使用することを指摘している（Tomasello, 1995/1999）。このように，言語の獲得と使用は，共同注意行動の一つに位置づけられ，言語を使用することで具体的な対象を注視しなくても，考えにおいて注意を共有することができるようになると考えられる。

この共同注意の理論は，発達における「心の理論」とも結びついていることが指摘され，他者理解能力の基礎にあるものとされている（Bruner, 1995/1999；Tomasello, 1995/1999）。その基礎は，他者を意図的行為主体として理解することにあるとして，Tomaselloは次のように述べる。

> 子どもが共有する環境の中の何かに他者を関わらせようとするとき，その子どもは，自分を含むすべての人間が少なくともある程度の注意の転換を意図的に制御できることを理解していなければならない。他者を意図的行為主体として理解することは，子どもが他者の注意の焦点を探ることによって新たな単語を学ぼうとすること（理解）や，他者に注意の焦点を調整するために言語を使用しようとすること（産出）の両方で明確に現れている（Tomasello, 1995/1999, p. 105）。

このように，社会的・心理的存在である他者を人間が理解する三つの水準をインプット（知覚），アウトプット（行動），目標状態という理解しておく必要のある三つの主な項目を観点として表現したものが表1-1である。表1-1は，新生児やよちよち歩きの幼児が成長するにつれて，これらの項目の内容がどのように進展するかを示している。

表1-1についてTomaselloは，いずれの項目に関しても，個体発生における基本的な進展は具体的な行為から徐々に離れていくという大まかな道筋を示している。すなわち，生きているということは行動でしか表現されないが，意図的な主体性は，行動で表現されると同時に，表現されなかったり複数の異なる表現の仕方があったりすることもあるために，行動からは少し距離が

表 1-1　他者理解の三水準（Tomasello, 1999/2006, p. 239）

	知覚的なインプットの理解	行動のアウトプットの理解	目標状態の理解
他者を生きている主体として理解する（乳児）	注視	行動	［方向］
他者を意図をもつ主体として理解する（9ヶ月）	注意	戦略	目標
他者を心をもつ主体として理解する（4歳）	信念	計画	欲求

あり，さらに心的な主体性ともなると，欲求，計画，信念という，現実の行動を伴う必要のまったくないものである（Tomasello, 1999/2006, p. 240）。そして，幼児期の初期における社会的認知に関して，子どもの他者理解は次のような連続的な発達の過程をたどる，と説明する。

- 生きている主体。すべての霊長類と共通の理解（乳児期）。
- 意図をもつ主体。人間という種に特有の同種の個体の理解の仕方で，他者の目標達成を目指した行動と他者の注意の両方の理解を含む（1歳）。
- 心的状態をもつ主体。他者が，その行動に現れる意図や注意だけではなく，行動には表現されない可能性もある―「現実の」状況とは異なる可能性すらある―思考や信念ももっているという理解（4歳）。(Tomasello, 1999/2006, p. 240)

　Tomaselloは，子どもの他者理解の発達の過程を上記のように説明し，心をもつ主体としての理解への移行は，他者との談話で子どもが意図の理解を用いることから主として派生する，という仮説を提示している（Tomasello, 1999/2006）。生後1年で意図をもつ主体として他者を理解するようになってから，数年たってからでないと，子どもは他者を，心をもつ主体として理解するようにはならない。その理由を，Tomaselloは，他者が世界について自分とは異なる信念をもっていることを子どもが理解するには，このような異なる視点が明確に現れるような談話―意見の不一致，誤解，説明の要求，省察的な対話などを含む談話―に参加する必要があるからである，と説明する

(Tomasello, 1999/2006, p. 243)。このように，Tomaselloは，子どもは他者を，生きている主体，意図をもつ主体，信念をもつ主体として理解するようになるという発達の過程を示し，心をもつ主体としての理解への移行には，自他の視点の相違が明確に現れるような談話に参加する必要があると述べている。共同注意の枠組みにおいて，言語の獲得と使用は，具体的な対象を注視しなくても，抽象的な考えにおける注意の共有に導くものであると考えられ，心をもつ主体として他者を理解するようになる過程で，自分とは異なる他者の視点に触れるために必要な談話を構成するものであると言える。

さらに，Tomaselloは，乳幼児，チンパンジーにおける協力的な問題解決に関する研究を紹介する論考『ヒトはなぜ協力するのか』において，ヒトの幼児が「協力行為の共有」を行うためには，協働者たちは，互いの志向状態に敏感でなくてはならないと述べている。それは，なんらかのゴールが共有され，「共同注意的行為」（joint attentional activities）がなされるときであると述べ，ヒトの協働行為における共同注意の役割について，指摘している。

Tomaselloは，「共同注意的行為」は，生後9ヶ月ごろの乳児がボールを転がしておとなとやりとりしたり，一緒にブロックを積んだりするといったシンプルなゴールの共有の上で成り立ち，乳児は大人と大人の注意状態とをモニターし，大人は大人で，乳児と乳児の注意状態をモニターするという注意のループの中で成り立つとする（Tomasello, 2009/2013）。そして，このような注意のループが可能になるのは，参加者の間でゴールが共有されている場合である，と述べる。

> 注意のループが可能になるのは，なんらかのゴールがまず共有されてこそ，なのです。「この道具を一緒に作る」，というゴールを共有していることをわたしたちふたりともが理解しているならば，注意の向け先自体がふたりとも同じなのだから，もうひとりがどこに注意を向けているかをそれぞれが知ることは比較的容易になります。わたしたちは「わたしたちのゴールに関連しているのは何なのか」に焦点を合わせるのです（Tomasello, 2009/2013, p. 61）。

ゴールを共有することで，他者の注意の向け先を知ることが容易になる。一方で，Tomaselloは，協働行為において参加者たちは，共通のゴールに関わる物事に一緒に注意を向けるが，同時に，一人ひとりがそれぞれに固有の視点を備えていることも指摘している。

> そもそも視点という概念は，ある注意の接続先をまず共有した上で，異なる視点を持てるようになるということなのです（さもなければ，わたしたちはそれぞれにまったく異なるものを見てしまうことになります）。この，二段階の注意の構造—高次のレベルにおいて注意の向け先を共有し，低次のレベルにおいては複数の視点に分化する—は，協働行為が持つ二段階の意図の構造とそのまま対応しており，結局のところ，そこに由来しているのです（Tomasello, 2009/2013, p. 63）。

Tomaselloは，「視点」という概念を用いて，協働の二段階の意図の構造について述べている。高次のレベルにおいて注意の向け先（ゴール）を共有し，低次のレベルにおいて参加者一人ひとりが異なる視点を持つのである。このような二段階の意図の構造のもと，乳幼児はゴールや注意を共有し，協働での活動にまつわる様々な役割を調整するために，あらゆる言語的・非言語的コミュニケーションを行うものとされる。

以上より，本研究では，他者との相互作用を通した幼児の造形表現を研究するにあたり，社会文化的アプローチにおける「媒介」概念と，その中の「人による媒介の三角形」で捉えられる「共同注意」を理論的枠組みとする。このような理論的枠組みのもと，幼児の造形表現を，素材・道具・製作物といった人工物が，どのように他者との協働やコミュニケーションを媒介しているか，そして，他者との協働やコミュニケーションがどのようにこれらの人工物の使用を制御しているかという観点から捉える。そのために，共同注意を引き起こし，協働を可能にするような言語的・非言語的相互作用を分析の視点とする。

そして，共同注意行動として言語・非言語的相互作用を分析するにあたり，

本研究では4歳児を対象とする。4歳児は，以下のような発達的特性を示すことから，協働製作の萌芽的な言語的・非言語的相互作用が見られると予想されるためである。幼児期後期は，表象発達の段階において，主導的な役割を果たす感覚器官が，身体・動作的なものから視覚・映像的なもの，さらに言語・象徴的なものへと移行する段階にあるとされている（Bruner, 1966/1968）。また，後述するが，製作の発達段階に関する研究では，4歳から5歳にかけての年齢で，モノの物理的特徴・視覚的特徴から発想してつくる段階から，つくったモノで遊ぶために目的をもってつくる段階へと移行すると考えられている（長坂, 1977；花篤・山田・岡, 1990；吉田, 1991）。すなわち，4～5歳の年齢で，モノから発想を広げ，製作物に付与したイメージを幼児間で共有したり，遊ぶことを目的に他児と協働で製作することが予想される。また，4歳児では，自己主張とともに自己抑制力が発達していくことから（柏木, 1988），自己を十分に発揮し，他者と協調して生活するようになること（保育所保育指針, 2008）が示されている。また，自己および他者の目的，意図，知識，思考，疑念，推測といった「認知的な心的状態」を行動や文脈から推察する「心の理論」の研究においても（子安・木下, 1997），他者の誤った信念の理解が4歳以降に発達していくことが示されていることから（Wimmer & Perner, 1983），4歳時期は人の心的状態に関する理解が進み，仲間とのかかわりが展開していく時期である（清水・無藤, 2011）。以上より，本研究では，自己抑制能力や「心の理論」などの発達に支えられ，モノに付与したイメージを他者と共有し，遊ぶことを目的に他児と協働で製作することが予想される4歳児を対象とする。

第3節　乳幼児期から児童期にかけての製作研究の課題

　本節では，他者との相互作用を通した幼児の造形表現プロセスを検討するための課題を整理し，「人による媒介の三角形」に位置付けられる「共同注

意」の理論に依拠し，共同注意行動としてどのような相互作用に着目する必要があるかを探るために，乳幼児期から児童期にかけての製作に関する国内外の先行研究を概観する。

　先行研究は，以下3つの流れに大別できる。第1に，子どもの製作を，「個人」という活動主体を単位とする活動と捉えた子ども個人の製作研究，第2に，社会文化的アプローチの視座に立ち，子ども間の談話に着目した製作研究，第3に，モノを介した子ども間の非言語的相互作用に着目した製作研究である。ただし，製作は，日本国内と海外では，必ずしも同じ教育的意図をもって行われているわけではないため，その相違に関しては注意が必要である。

　日本の美術・造形表現教育の文脈では，伝統的に描画の領域が重要視されてきており（花篤，1999，p.23），製作に関する研究は少ない。その理由として，描画という二次元空間の領域では，図形獲得の姿を発達的に捉えることが比較的容易であるのに対し，立体製作の場合，材料や用具の多様性，また製作に対する技術習熟の個人差などの要因があり，表現様式の上から発達を跡付けることが困難な作業であること（長坂，1977），素材経験の開始時期により年齢的発達に伴う特徴が異なること（槇，2008）があげられる。しかし，1989年の幼稚園教育要領の改訂以降，幼稚園教育の基本の一つに「遊びを中心とした総合的な指導」（文部省，1989年）が据えられると，遊びと造形表現の融合が進み（花篤，1999，p.22），製作は，保育の場で日常的によく行われる活動となっている（e.g.河邉，2005）。

　2008年に改訂された幼稚園教育要領では，造形表現に関連する項目として，以下のような記述がされている。

>　「感じたことや考えたことを自分なりに表現することを通して，豊かな感性や表現する力を養い，創造性を豊かにする」（領域「表現」）
>　「感じたことや考えたことを自分なりに表現して楽しむ」（領域「表現」ねらい）
>　「生活の中でイメージを豊かにし，様々な表現を楽しむ」（領域「表現」ねらい）

「感じたこと，考えたことなどを音や動きなどで表現したり，自由にかいたり，つくったりなどする」（領域「表現」内容）
「いろいろな素材に親しみ，工夫して遊ぶ」（領域「表現」内容）
「かいたり，つくったりすることを楽しみ，遊びに使ったり，飾ったりなどする」（領域「表現」内容）（文部科学省，2008）

これより，感じたことや考えたことといった内的な経験を外化すること，多様な素材に親しむことが幼児教育の領域「表現」においては重要であり，表現するだけで終わるのではなく，つくったモノを遊びの中で使うことも表現の発展として意図されている。つまり，日本の幼児教育では，製作は，遊びの中の「表現」として感性や創造性を育む活動とされている。

一方，欧米諸国では，1990年代前半から，デザイン技術科（Design & Technology Education）が小学校のカリキュラムに導入され（e.g. 英国 National Curriculum Council, 1993；オーストラリア Curriculum Corporation, 1994），製作は，その中のデザイン活動（design activity）あるいはデザイン・製作活動（design-and-make activity）に位置付けられ，技術的スキルや技術的知識の獲得，目的に応じたデザイン思考の獲得が目標となっている。そして，決まった解答のない（open-ended）問題解決を通して活動と省察を行うことで，作品の批判的理解を築くことが目指されている（Roth, 2001）。

以上のように，日本と欧米諸国の教育の場では，必ずしも同じ教育的意図をもって製作が行われているわけではない。そのため，本章で概観する先行研究も，国内の先行研究と国外の先行研究では，教育実践の解釈や分析の枠組みが異なっている。製作を遊びと関連づけて捉える見方は，「遊びを通した総合的な指導」を基本とする日本の保育・幼児教育の独自性である。一方で，国外の先行研究では，製作を問題解決と捉え，問題を解決するための認知的方略や技術的スキル・知識の獲得，他者との相互作用のあり方を検討している。本研究は，日本の保育実践に寄与する研究を行うため，製作を遊びとの関連から捉えることとする。ただし，国外の先行研究の知見も参照し，

分析の視点や方法を見出す。そうすることで，遊びの中で表現する際の幼児の認知的プロセスを検討し，遊びを通して幼児がどのような経験をしているのかを明らかにすることができると考える。

1．子ども個人の製作研究
（1） 製作の発達と個人差

製作において，何歳でどのようなことをしているかという発達段階に関する研究は，描画の発達研究にくらべ少ないものの，日本のいくつかの保育者向け指導書で解説がなされている（長坂，1977；花篤・山田・岡，1990；吉田，1991；槇，2008）。これらの解説をもとに，製作の発達段階を示したものが表1-2である。

表1-2 製作の発達段階（長坂，1977，pp.78-83；花篤・山田・岡，1990，pp.25-27；吉田，1991，pp.112-113；槇，2008，p.70）

年齢 先行研究	0～1歳	1～2歳	2～3歳	3～4歳	4～5歳	5～6歳	6～7歳	7～10歳	10～13歳
長坂 (1977)			無意味期（もて遊びをする時期）	象徴期（つくってから意味づけをする時期）	創作活動期（つくり遊びをする時期）				
花篤・岡田 (1979)			ものをもてあそぶ時期	つくったモノに意味づけをする時期	つくったモノで遊ぶ時期				
吉田 (1999)		もてあそび期	意味づけ期	つくり遊び期	手仕事期			手仕事期	工具活動期
槇 (2008)	感覚運動的段階		象徴的思考段階	直観的思考段階	具体的操作段階				
	探索する（つぶす・なげる等）		見立てる・組み合わせて命名する	形や色から発想してつくって遊ぶ	目をもってつくる・遊びに利用する				

表1-2より，区分の仕方や名称は異なるが，製作の発達過程として，探索的にモノをもてあそぶ段階，つくったモノを見立てて意味づけをする段階，モノの物理的特徴・視覚的特徴から発想してつくる段階，つくったモノで遊ぶために目的をもってつくる段階という共通の発達過程が示されている。これは，乳幼児のモノの扱いが「感覚運動的な扱いから描写的・象徴的扱い」へ，「モノによって行為を誘発される段階から行為のためにモノを選択する段階」へと進むと言われている（高橋，1984）こととも軌を一にしている。つくったモノの利用や目的との関連では，明確な年齢区分を設けていない槇（2008）以外は，4歳から5歳にかけての年齢が，モノの物理的特徴・視覚的特徴から発想してつくる段階から，つくったモノで遊ぶために目的をもってつくる段階へと移行する時期とされている。

　製作と遊びとの関連について論じた吉田（1991）は，製作を伴う遊びには大別して二つの水準があると述べている。一つは，描いたりつくったりすること自体を楽しむ水準であり，自己の表現欲求を満たし，自己充実を図っていく水準である。もう一つは，遊ぶための道具をつくったり遊ぶ場所をつくったりして遊びを展開するきっかけを製作によって得る水準である（吉田，1991, pp.197-198）。これより，幼児の製作には，「つくる」という活動と「つくったモノで遊ぶ」という活動があると言える。いずれの水準でも，素材や道具を用いて製作物をつくりだすことが基本要素となり，現実世界とは相対的に自立した想像上の意味世界という第三次の人工物（Wartofsky, 1979；Cole, 1996/2002）を創出していると考えられる。しかし，この「つくる」活動から「つくったモノで遊ぶ」活動へと展開するプロセス，あるいは，ごっこ遊びなどをしているうちに，遊びに必要なモノを「つくる」活動へと展開するプロセスは詳細には検討されておらず，幼児が遊びの中で製作物を媒介に，第三次の人工物を構築するプロセスは明らかになっていない。

　製作の発達過程が示されている一方で，幼児が嗜好する遊びや造形表現スタイルには，個人差があることが明らかになっている（槇，2003；2004）。槇

は，約5年にわたるアクションリサーチの結果，「4歳児クラス時に小さなブロックを作って遊ぶことが多かった幼児は，5歳児クラスになっても製作コーナーで物を使って遊ぶ傾向が見られ，4歳児クラス時に構成遊具で仲間と遊びの場を作ることの多かった幼児は，5歳児クラスになっても，基地遊び，電車ごっこ等人と関わる遊びを好み，それぞれの嗜好は2年間を通じて一貫性が見られた」と考察している（槇，2003，p.82）。そして，「物志向は，（中略）"物"にかかわり，視覚的な形作りを好むタイプで，製作の場をよく選択する。人志向は，（中略）空間を利用してごっこ遊びのような"状況"を作ることを好み，人との言語的なかかわりを重視するタイプである」と述べている（槇，2003，p.82）。ただし，モノ志向と思われる幼児の中には，モノづくりを好んで行う幼児と，探索的にモノにかかわることを好む幼児が存在することも確認されており，探索的にモノにかかわることの多い幼児について，「物・人・場に対して興味に従って感覚的にかかわり，既存の枠組に参加して安定する傾向が見られた」（槇，2003，p.82）ことから，探索的・身体的という枠組で捉えられると考察している。すなわち，槇は，表現活動の個性の典型には，モノ志向で視覚的，人志向で言語的，自己感覚志向で身体的という3タイプがあること，幼児が嗜好する「表現スタイル」によって優位な感覚・表象，遊びの好み，場・活動の嗜好，製作物の特徴が異なることを示している（槇，2003）。幼児が好む「表現スタイル」によって，どのような遊びを好むかも異なることから，「つくる」活動と「つくったモノで遊ぶ」活動の展開を検討する際には，個人差を考慮する必要があると言える。

（2）思考モデルの研究

　先述したように，1990年代前半から欧米諸国では，デザイン技術科が小学校のカリキュラムに導入されている。そのため，1990年代以降，子どもがデザイン・製作を行うときの思考やプロセスの研究が行われてきた。
　Johnsey（1995）は，子どもがデザイン・製作をしたり，決まった解答のな

表1-3 デザイン・製作／問題解決プロセスのモデル（Johnsey, 1995より抜粋；佐川訳）

	① How designers think, Lawson (1980)	② DES, HMSO (1987)	③ APU (Kimbell et al., 1991)
特定する		状況を観察する	頭の中のぼんやりとした印象
明らかにする	簡単に概要を伝える	問題を詳細に把握する	
詳細を明確にする	分析（問題の順序づけと構造化）		
調べる		調べる	
生みだす	総合（解決策の生成）	可能性を探し求める	
選ぶ		アイデアを洗練させる（洗練する前により多くの情報が必要となるだろう）	頭の外での議論，絵に描く，スケッチ，図式，メモ，グラフ，数字。頭の中での推測，探究。
形づくる		解決策を詳細に述べる（アイデアが拒絶される前に詳細に述べる必要がある）	確固とした形で，現実を予見し頭の外に表す。はっきりとさせ，有効にする
計画する		製作の計画を立てる	
製作する		製作する（製作のプロセスは研究される必要があるだろう）	頭の外に原型を示し，解決策を与える
試す			
修正する			
評価する	評価（提案された解決策の批判的評価）	評価（評価はたいていアイデアの洗練につながる）	批判的な評価
売る			

い問題解決課題に携わるときのプロセスに関して，英国で発表されてきた多くの理論モデルを整理し，それらの批判的検討を行っている。これらのモデルのうち，主要なものを示したものが表1-3である。

　Johnsey (1995) は，これらのモデルには共通して調査（investigation），発

明 (invention)，実行 (implementation)，評価 (evaluation) の流れがあるとし，それぞれのモデルについて以下のように説明している。Lawson (1980：表1-3①列) は，建築家の経験に基づき，プロのデザイナーがたどる一般的なデザインプロセスを記述したものである。この理論モデルには，製作の実行に関する部分がないことから，Lawonにとってのデザインとは，デザインを生み出すまでであり，実際に手を動かして製作することは含まれていないと言える。

一方，根本的に新しいデザインの見方を示したのが，Assessment of Performance Unit (APU) のモデルである (Kimbell et al., 1991：表1-3③列)。APUモデルを，英国教育科学省が示したモデル (DES, 1987：表1-3②列) と比較すると，このモデルの新奇性は，「頭の中のぼんやりとした印象」「頭の外での議論，絵に描く，スケッチ，図式，メモ，グラフ，数字」といった記述に，頭と手・体の協応関係が捉えられている点にあるとJohnseyは述べる。ここで，デザイン・製作においては，思考と行為が絶えず往復して進むという見方が示された。それまで，デザインとは，頭の内側にあるアイデアを外へ出すものと捉えられていたが，APUモデルにおいて初めて，身体に頼った，外から内への作用にも焦点が当てられたと言える。

ただし，Johnsey (1995) は，実際の製作プロセスは，理論モデル通りには進まないことを指摘し，単純化したモデルを示すことへの危惧を表している。そして，製作を行っている子どもたちの観察に基づいて知識を構築していかねばならないと結論づけている (Johnsey, 1995, p.216)。

そこで，次に，実際の観察や調査に基づいて，子どもの製作プロセスを実証的に研究したものを概観する。

(3) デザイン・製作プロセスに関する実証的研究

子どもたちがデザイン・製作を行う際に用いる様々な方略について検討したものには，Roden (1997：1999)，Gustafson & Rowell (1998) がある。Roden

(1997；1999) は，英国初等教育の低学年にあたる Key Stage1 の子どもたちを 3 年間（5 歳から 7 歳にかけて）縦断調査する中で，デザイン・製作を一人あるいは他児と一緒に行っている際に子どもが用いる方略を観察し，主要なカテゴリーに分類している。その結果，子どもたちは，異なる年齢，異なる学校，異なる課題に取り組んだにもかかわらず，類似の方略を用いていたと述べ，表 1-4 のように類型化している。

　表 1-4 に示された方略の中でも，「見せることと評価すること」と言う方略では，モノを「見せる」行為と，それに対する相手の応答という，モノを介した子ども間の相互作用が製作を進める方略の一つにあげられている。この「見せる」行為は，相手の注意をある対象に向けさせるという点で，共同注意を操作する行動の一つである（Tomasello, 1999/2006）。「見せる」という方略について，Roden (1999) は，年齢により異なる特徴が見られ，就学前段階と小学 1 年生のグループでは，「見せる」方略が頻繁に使われていたが，「評価する」方略に関しては，これらの学年では個人的な好き嫌いを言及するにとどまり，製作物がそのモノとしての基準を満たすかどうかについての批判的言及はなかったことを指摘している。対して，2 年生では，「見せる」行為の回数は少なくなる一方，仲間からの批判的な評価や，児童自身による気づきや自己評価が多くなり，製作物の修正につながる頻度が高かったことを明らかにしている。

　以上のように，幼児の「見せる」行為には，年齢により異なる特徴があることが示されているが，製作において，共同注意行動の一つとして幼児のモノを「見せる」行為を捉え，「見せる」側の幼児にとってどのような機能を有するのか，および，製作過程にどのような影響を与えているのかは詳細に明らかになっていない。

　4 〜 7 歳児が共通の方略を用いると述べた Roden とは対照的に，個人差に着目した Gustafson & Rowell (1998) は，小学生児童がデザイン・製作の

表1-4　デザイン・製作における問題解決方略の類型（Roden, 1999, p.23：佐川訳）

方略	具体的内容
個人化	子どもたちは課題を自分自身と結び付けようとし，自分の過去の個人的な経験の中で類似した性質をもった課題と関連づけようとしていた。これが，概念構築を助け，個人的な知識と学校的知識の間の橋渡しとなっているようであった。
欲求とニーズの特定	子どもたちは道具と素材を選び，一人で作業をしたいのか誰かと協力してやりたいのか，様々な空間や時間の状況の中でどのような状況がいいのかを調整していた。
交渉と課題調整	子どもたちは課題の及ぶ範囲と，その教室文化の中でどこまでが「許されている」のかを試していた。交渉を通して，課題を自分に合うように変えたり調整したりしていた。
課題，道具，素材への焦点化	子どもたちは課題を解釈し探求するためにこの方略を用いていた。課題の性質について問いを持ち，話し合い，調べることで，何をする必要があるのか，道具やリソースをどのように使えばいいのかを明らかにしていた。
実践とプラン	本方略の目的は，特定の道具や素材で作業する経験を得ることだったが，子どもたちの実践についての理解力とプランの初期の形との間に強い関連が見られた。
困難な点の特定	子どもたちは課題を共有したり，一人で作業したりする中で，あるいは時間や空間の制約の中で，リソースを用いて作業する上で困難な状況を指摘しはじめた。
問題を通した自己との対話	子どもたちは自分に向けた対話，または外化された思考を行い，自分のしたことを声に出して振り返ったり，自分たちがしていることに対して自分たちの注意を喚起したり，次に何をすべきかを自分に向けて言っていた。
障害となるものへの取り組み	子どもたちは制約があることや，間違いをおかしたことに気づき，それを克服するためのあらゆる方法を用いた。
共有と協力	子どもたちは互いにアドバイスを与えたり援助をしたりして，他児を助けるために自分が問題を解決した経験を用いていた。
パニックまたは固執	活動の時間が終わりになると，子どもたちは製作物を完成させようと，急にパニックになるかじっくりと固執する姿を見せた。
見せることと評価すること	これらの方略は，活動を進め，忍耐力を刺激し，新鮮なアイデアをもたらすことに役立った。

課題に取り組む際に最初に取る工程について，小学生336人（5-13歳）に質問紙調査とインタビュー調査を行っている。その結果，デザイン・製作の課題を「社会的な開始」（考えているものについて友だちと話すことから始める）や「指示による開始」（図書館に行って参考になる本を見ることから始める）など，アイデアを自分の頭の外から持ち込もうとする児童は各学年で最も多く，そのような児童は，自分に何のアイデアもないと考える傾向や自分のアイデアに自信を持っていない傾向があることを示している。一方，「形をつくる／手を動かすことによる開始」（模型を組み合わせる，または素材や道具を集めることから始める），「イメージすることによる開始」（考えているものを絵で描くことから始める），「省察による開始」（考えているものをどうやってつくるかを考えることから始める）といった回答では，手と頭を両方使い，アイデアを可視化することにより，アイデアを自分の頭の中から生み出そうとする傾向があることが明らかになった。

　これより，児童の製作方略には個人差があることが示唆される。先述したように，幼児の嗜好する「表現スタイル」にも個人差があることが明らかになっていることから（槇，2003：2004），幼児・児童の製作を研究する際には，個人差を考慮する必要があると言える。

　次に，子どもが道具や素材を使う技術スキルを検証する目的で，製作を研究したものに Anning（1994）と Fleer（2000）がある。

　Anning（1994）は，児童の技術的能力を明らかにする目的で，英国の小学校の5歳から11歳の児童のデザイン・製作活動を，ビデオ記録・フィールドノーツおよび教師・児童へのインタビューに基づいて調査している。Anning は，技術教育の理論モデルの典型とも言える4つの特徴，すなわち，「絵によるアイデア伝達」「技術スキルの獲得」「技術的知識の獲得」「評価」に基づき，児童のデザイン・製作活動を分析している。その結果，特に「絵によるアイデア伝達」という特徴は，観察した事例においてはほとんど見られなかったと報告している。教師へのインタビューからは，「絵によるアイ

デア伝達」は教師が促す方略の選択肢には入っているが，想像によるイメージを絵に表すスキルを児童はもっていないからという理由で，絵の使用を推奨していないことが明らかになった。Anningは，このような背景に小学校の技術教育を取り巻く文化的状況があると論じている。つまり，小学校の美術の授業では，教師は子どもたちの創造性の発達を妨げないよう，直接的な教授はせずに放任しておくという伝統がある一方で，理科の授業で技術を使う場面では，教師は直接的な教授を行い，児童が指示通りに行うかを注意深く監視している。デザイン技術科（D&T）教育という教科に関して，教師はこの二つの異なるペダゴジーの間でジレンマを感じていると述べている。Anningの報告は，児童の製作プロセスは，教師の信念や，教科を取り巻く社会文化的な状況に埋め込まれていることを示している。

　Fleer (2000) もまた，幼児の技術的スキルを検討するため，デザイン・製作活動を観察している。この研究は，保育所の3〜5歳の幼児16人に，保育者が「庭で不思議な生き物を見つけたの。その生き物が一人ぼっちでさびしそうだから，お友だちをつくってあげましょう」という導入をし，幼児が使いたいと思った素材や道具を保育者が用意するという形で進められた。Fleerは，幼児のデザイン・製作活動を，「計画」「製作」「評価」という観点から分析している。その結果，幼児の中には，計画してから始めるのではなく，素材自体が何をつくるべきかを提示するかのように，素材の特性を探った後でデザインをしている幼児が多かったことを報告している。また，幼児同士で互いを観察して，相手の技術を模倣したり，アイデアを他児から借用したりしていたことが示されている。Fleerの研究は，幼児がデザイン・製作に用いる方略が，理論モデルで示されているように頭の中のアイデアから始まるのではなく，素材の探索や他児とのやりとりのように，周囲の影響を受けるものだということを示している。

　以上より，子どものデザイン・製作プロセスは，素材との触れ合いや他児の模倣といった周囲の人やモノとの相互作用の影響を受けるものであり，活

動が行われる社会文化的状況に依存するものであることが示唆されている。そこで，次に，社会文化的アプローチの視座に立ち，子ども間の談話に着目した製作研究を見ていく。

2．子ども間の談話に着目した製作研究

協働製作における子ども間の談話に着目した実証研究では，談話には2つの役割があることが示されている。

第1に，自分のアイデンティティ，責任や役割の同定，パートナーとの役割分担，パートナーシップや友だち関係の強調・確認といった，他者と協働する関係を築き維持する役割である。第2の談話の役割は，モノを扱う実際の行為について交渉[5]し，身体的行為を補う役割である。

思考のツールとして，談話に着目したGustafson & MacDonald (2004)は，小学6年生児童（11～13歳）が「空気と航空力学」の単元でパラシュートをつくる活動を行った際の談話の音声記録を分析している。分析枠組みには，プロのエンジニアの談話をエスノグラフィーの手法で分析したBucciarelli (1988)の理論枠組みを用いている。分析の結果，児童のデザイン・製作における談話でも，Bucciarelliの理論枠組みと同様に，制約し，命名し，意思決定するという機能があったものの，それらに加えて，「実際の行為」についての談話と，責任や役割といった「社会的性格」についての談話という2つの新たなカテゴリーを加える必要があることが示された。

談話を通して交渉される社会的役割については，Carr (2000)の研究でも考察されている。Carr (2000)は，保育施設における4歳児クラスの製作コーナーを6週間観察し，製作コーナーに用意された道具と素材の中から，幼児が自分で選んで製作する活動の事例を収集した。Carrは収集した事例の

---

[5] 本研究では，「交渉」を相手と話し合いをして，合議に達すること，先述したように「相互作用」を行為主体のどちらかが一方的に影響を受けるのではなく，行為主体間が双方向的に影響し合うことと定義する。

中から，ボール紙を頭に巻いてつくる「ぼうしづくり」の42事例を選び，分析している。ぼうしをつくるためのボール紙は，予め長方形の形に切られていたが，4歳児の頭囲に巻くには若干短いため，それをどう解決するかが問題となっていた。談話分析から，幼児のぼうしづくりの目標・意図は，3つの主要なアイデンティティによって方向づけられていることが明らかになった。「もうすぐ5歳」「友だち」「ぼうしづくり職人」の3つである。中でも，「友だち」というアイデンティティを語った幼児はもっとも多く，あらゆる認知的な努力は，友だちとの談話に入り，友だちとの関係を築いたり維持したりするためにあったと考察している。「友だち」であることを重視した幼児は，紙の長さが短いという問題に対し，紙をつなげたり頭に合わせるという解決策を避け，そのままの長さで円状にして直径の小さいぼうしをつくり，自分の家にいる赤ちゃんやネコにあげるという選択をしていた。一方，自らを「ぼうしづくり職人」と位置付けた幼児は，技術的スキルを要する問題解決に熱心に取り組み，様々な方略を用いて解決していた。Carrの研究からは，幼児が取り組む問題は，認知的な問題解決より，あるコミュニティの中で自分のアイデンティティをどのように位置づけるかという社会的実践の方が重要な意味を持つ場合があるということが示されている。

　さらに，Rowell (2002) は，デザイン・製作活動における「学び」を，参加の変容（Rogoff, 1994：1997）という観点から捉えるために，参加の媒介となる談話と行為を分析している。Rowellは，小学6年生の女子児童2名が，電気をつけたり消したりできる目のついたロボットをつくるという課題に取り組んだ際のプロセスを検討している。談話の分析から，2名の児童の間で，「監督」と「助手」という役割分担がなされ，それぞれの児童が自分を「電気工」あるいは「なんでも屋」と位置づけることで作業分担が明示的にやりとりされていた。また，「私たち（we/our）」という代名詞を使った発話が相手を協働作業のパートナーとみなし，互いのパートナーシップの認識を強めていたことも示されている。さらに，談話の中で「教える」，「イメージす

る」,「計画する」,「操作する」ことを通して,一方が他方を参加に引き入れ,互いに補い合う関係を築いていたことが示されている。

以上より,子ども間の談話には,第1に,自分のアイデンティティ,責任や役割の同定,パートナーとの役割分担,パートナーシップや友だち関係の強調・確認といった,他者と「わたしたち」という関係を築き維持する役割がある。談話を通して,協働製作への参加者は,同じゴールに向かっているという志向性を共有した上で,異なる役割を請け負うということが可能になる。しかし,これらの研究は,1時点の分析であり,子ども間の関係性の変化については考慮に入れていない。自由遊び場面では,幼児自身が誰と何をして遊ぶかを選び,交渉することが多いため,幼児間の関係性の変化が,相互作用に影響を及ぼすことも考えられる。幼児間の関係性が,相互作用とどのような関連を持つのかを,時系列に沿って検討する必要がある。

第2の談話の役割は,共有された認知の対象である製作物,道具や素材といったモノについて交渉する役割である。しかし,モノについての交渉は,談話だけでなく,モノを扱う身体的動作を伴って行われていると考えられる。そのため,モノを扱う身体的動作にも着目した研究が必要とされる。そこで,次に,デザイン・製作においてモノを扱う身体的行為に着目した製作研究を概観する。

3．モノを介した子ども間の相互作用に着目した製作研究

社会文化的アプローチでは,行為の媒介となるモノを重要なものとみなす。特に,製作では,道具や素材を用いた行為が協働での問題解決を支援すると指摘されている。なぜなら,モノを通して思考を明示する行為は,役割分担や課題の共有を助け,教師・保育者および子どもの談話の参照枠となると考えられているためである (Hennessy & Murphy, 1999)。

このように,製作におけるモノの果たす役割の重要性は強調されてきたが,談話のように言葉を通して子どもの伝えている意味内容が他者にも理解でき

る行為とは異なり，モノを扱う身体的行為は，子どもが伝えようとしていることの解釈が定まりにくいため，これまで十分に分析されてきたとは言えない。しかし，近年，この先行研究の課題に，ビデオ記録を用いた分析方法により取り組んだ研究が現れている。

　Kangas, Seitamaa-Hakkarainen & Hakkarainen (2013) は，小学生（10-11歳）女子児童3名のグループが2カ月間11回にわたってランプのデザイン・製作をする活動をビデオで記録し，子ども間の協働が見られたエピソードを抽出して分析している。分析では，身体的行為を分析するために，ビデオ記録に基づいて，談話における発言者・発言内容や使用した道具，身ぶり（モノの大きさや形を表す動作）・手ぶり（指さし）を時間軸に沿って図示するChronologically-Oriented Representations of Discourse and Tool-Related Activity（CORDTRA）diagrams（Hmelo-Silver, Chernobilsky & Nagarajan, 2009；Hmelo-Silver, Liu & Jordan, 2009；Hmelo-Silver, Chernobilsky & Jordan, 2008；Hmelo-Silver, 2003）を用いている。

　図1-5は，CORDTRA diagramsを使用した「デザインのアイデア生成」プロセスの分析である。横軸が時間軸となっており，一つの活動における参加者の発言に番号を付した発言番号が左から右へと順に記されている。縦軸には，発言者（1：参加者A，2：参加者B，3：参加者C，4：プロのデザイナー，5：教師，6：他児童），各発言の主な焦点（7：視覚的アイデア，8：技術的アイデア，9：デザイン上の制約，10：道具に関する談話，11：製作に無関係な話題，12：活動の進行調整），さらに参加者が発言している際の道具・素材・身ぶりの使用（13：スケッチ用の道具の使用，14：スクリーンを通した見方の共有，15：指をさす動作，16：形や大きさを表す動作）の番号が振られ，時間軸に沿って言語・非言語的な行為が行われたプロセスを視覚的に図示している。この図示により，一つの活動の中で，いつ誰が発言し，その発言において何を話題にしているか，そして身体はどのような動きをしているかが俯瞰できるようになっている。分析の結果，製作は複雑で繰り返しの多いプロセスをたど

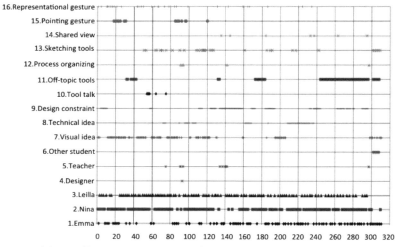

図 1-5 「デザインのアイデア生成」プロセスの分析に用いられた
CORDTRA diagrams (Kangas, et al., 2013, p. 41)

り，児童の思考は，素材に媒介され，身体的行為となって表れていることが明らかになった。

　思考過程における，このような身体の役割については，職人の身体化された認知 (embodied cognition) を研究した Patel (2008) が，「身体化された思考」(embodied thinking) という概念を提唱している。道具や素材を扱うことで，身体がどのように思考過程にかかわっているかを表す概念であり，身体化された思考は，情報の収集・体系化・精緻化や豊富なスキルに支えられた瞬時の適応といったものすべてが，ほんの短い間に起こる一つの展開プロセスと捉えられている (Patel, 2008)。

　Kangas et al. (2013) は，小学生児童の協働製作においても，「身体化された思考」がなされ，協働製作が進められていることを示唆している。つまり，協働製作を可能にする相互作用の位相として，言語的位相だけでなく，身体的位相があることが示されている。これらの位相での相互作用は，明確に区

別できるものではなく，相互連関的に共起するものであり，行為者は，それらの位相を行きつ戻りつしながら製作を行うものと考えられる。ただし，先行研究では，それらの位相での相互作用がどのように関連しているのかについては捉えられていない。

4．製作研究の課題の整理

以上の先行研究の概観より，保育の場での幼児の製作研究を行う上での研究課題は，以下のように整理できる。

第1に，幼児の協働製作には，「つくる」という活動と「つくったモノで遊ぶ」という活動の二つの水準があると言え，いずれの水準でも，素材や道具を用いて製作物をつくりだすことが基本要素となり，現実世界とは相対的に自立した想像上の意味世界という第三次の人工物（Wartofsky, 1979；Cole, 1996a/2002）を創出していると考えられる。しかし，この「つくる」活動から「つくったモノで遊ぶ」活動へと展開するプロセス，あるいは，ごっこ遊びなどをしているうちに，遊びに必要なモノを「つくる」活動へと展開するプロセスは詳細には検討されておらず，幼児が遊びの中で製作物を媒介に，第三次の人工物を構築するプロセスは明らかになっていない。このプロセスを，幼児の表現における個人差を考慮して検討することが第1の研究課題である。

第2に，共同注意行動の一つと考えられる，幼児のモノを「見せる」という行為がどのような機能を有するのか，および，製作過程にどのような影響を与えているのかを詳細に明らかにすることである。モノを「見せる」行為は，受け手の応答とともに，モノを介した相互作用の一つと言え，活動を進め，新鮮なアイデアをもたらすこと，年齢により「見せる」行為の頻度に差があることが示されている（Roden, 1999）。しかし，その機能については詳細に明らかにされておらず，幼児の発達的変化や幼児間の関係性の変化に伴う，時期による機能の相違は検討されていない。「見せる」行為の機能，な

らびに時期による機能の相違を検討することが研究課題として残されている。

第3に，協働製作における幼児間の相互作用と関係性の関連の検討である。子ども間の談話に着目した先行研究では，談話には，他者と協働関係を築き維持する役割があることが示されている（Gustafson & MacDonald, 2004；Carr, 2000；Rowell, 2002）。幼児間の相互作用と仲間関係に関する研究では，幼児が相手との関係における親密度に応じて相互作用の内容を変えていることが明らかにされている（本郷，1996；原，1995；高櫻，2013）。このことから，幼児間の相互作用の変化や相違の要因として，その幼児間の関係性に着目して分析を行うことが第3の研究課題としてあげられる。

第4に，幼児期の協働製作を可能にする相互作用とはどのような位相で，どのような機能をもつのかを明らかにすることである。モノを介した子ども間の相互作用に着目した研究では，言語による相互作用（談話）だけでなく，非言語的な身体的行為を通して，子ども間でコミュニケーションを取り，協働製作を行っていたことが明らかになっている（Kangas, et al., 2013）。これらの位相での相互作用は，明確に区別できるものではなく，相互連関的に共起するものであり，行為者は，それらの位相を行きつ戻りつしながら製作を行うものと考えられる。しかし，それらの位相での相互作用がどのように関連しているのかについては捉えられていない。言語的・非言語的な位相の両面から詳細に分析し，それらの位相での相互作用がどのように相互連関的に共起するかを検討するのが第4の研究課題である。

さらにもう1点，他者との相互作用を通した幼児の造形表現を検討するにあたり，重要な課題が残されている。それは，他者との相互作用を通して，幼児がどのように独自の表現を生成しているかというプロセスそのものを明らかにすることである。描画における模倣を研究した奥は，模倣を「情報を摂取し，表現に反映すること」と定義している。しかし，幼児が他児の造形表現から独自の造形表現を行うプロセスを検討するには，他児の造形表現から情報を取得した後に，そのまま自分の造形表現に採り入れる場合と，自分

独自の造形表現に変える場合とを分けて考える必要がある。他児の造形表現から得た情報を，幼児が自分独自の情報として採り入れ，自分の着想につなげたときに，他児からの影響が，模倣から自己表現や創造になると考えられるためである。

第4節　本研究の分析枠組み

　本節では，前節で述べた研究課題に取り組むための分析の視点について述べる。第4の研究課題としてあげたように，協働製作では，様々な位相での相互作用が相互連関的に共起していると考えられる。本節では，本章第2節で述べたように，「人による媒介の三角形」に位置付けられる「共同注意」の理論に依拠し，共同注意を引き起こし，協働製作を可能にする言語的・非言語的相互作用として，どのような位相での行為や発話を分析の視点とするのかについて述べる。

1．視覚的位相での相互作用を分析する視点：注視

　Baron-Cohen, et al.(1995) は，「他の有機体が同じものに注意を向けているかどうかを同定する機能」をもつメカニズムを，注意共有メカニズム (Shared Attention Mechanism) として説明する。そして，このメカニズムが，注意の共有が達成されたときを同定し，他者の目標や欲求といった意図性を推論するものであると述べている (Baron-Cohen, et al., 1995)。このような共同注意のメカニズムは，まず，共通の対象への「注視」により働くと考えられる。なぜなら，第2節で述べた通り，視覚的なものに対する共有は，人間の共同注意の発達の最初に位置付くと考えられるためである (Bruner, 1995/1999；Tomasello, 1999/2006)。そして，共通の対象への注視により共同注意が成り立つのは，乳児であっても，本研究で対象とする4歳児であっても同様であると考えられる。しかし，幼児期以降の共同注意行動が，同年齢の

幼児が多数いる集団保育の場で，どのような働きをしているかについては，検討されてきていない。幼児期以降の共同注意行動が，どのように幼児間の協働での製作を支えているかを検討する必要がある。

　他者との相互作用を通した幼児の造形表現プロセスを検討するにあたり，「注視」が重要性をもつのは，共同注意行動としてだけでなく，以下の点にもよる。本研究で対象とする造形表現・美術においては，幼児期に限らず，モデルや自他の作品といったモノを見ることによって，表現者が様々な情報を得て思考する「視覚的思考」（Arnheim, 1969/1974）が中心になっている可能性がある（岡田・横地・石橋，2004）。「視覚的思考」とは，人間のいくつかの思考様式はイメージによって思考がなされるとしてArnheim（1969/1974）が提起した概念である。ここでのイメージとは，人間の内的な無意識における概念から外的な絵画やビデオまでを含む幅広い語とされている。

　Arnheim（1954/1963）は，視覚は目的的で選択的であるとして，次のように述べている。

> 物を見ようとするときは，われわれはそれを求めてそこにいたるのである。目に見えない指をもって，周囲の空間を通り，物のある遠いところに達し，物に触れ，物をつかみ，その表面をしらべ，縁をさすり，材質を探求する。それはすぐれて積極的な活動である（Arnheim, 1954/1963, pp.56-57）。

すなわち，視覚の基本的な特性として，視覚が選択すると述べている。そして，視覚がモノを選択し，視線を向ける「注視」について，次のように述べる。

> 眼球運動は視覚目標の選択を助けるが，これは自動運動と有意的反応の間のどこかにある。それは目を，吟味すべき視野の領域がもっとも鋭い視覚の狭い範囲内にくるように導く。鋭さは急激に減り，それが最大である収支の軸から十度もそれれば，それは既に五分の一に減る。網膜の感受性はとてもかぎられているので，目はなにか特定の箇所を選び出し，それが引き離され，支配し，中心となるようにできるし，せねばならない。これは一時には一物を取り上げ，主たる目標を周囲から区別しよ

うという意味である。物は注意されるために選ばれる。それは視覚的世界の他の部分に対して目立ち，また，それが見る物自身の欲求に反応することになるからだ（Arnheim, 1969/1974, p. 45）。

　上記のように，見る者の欲求に応じて，一つの物を選択しそこに注意を向けることを Arnheim は「注視」と呼んでいる。

　この「注視」は，美術・造形表現において重要な役割を果たすと考えられている。なぜなら，美術・造形表現では，絵画，彫刻，ディジタル・アートなど平面・立体を問わず，視覚メディアが表現に用いられる。その視覚メディアにおいては，形や色を用いた視覚的表現と意味とが統合されており，描線の質やトーンなどの微妙な違いが重要な意味を持つ（Halverson & Sheridan, 2014）。美術・造形表現教育の研究では，このような自他の視覚的表現の微妙な違いを注視することで，いかに観察，予想，表現，省察といった心の習慣（habits of mind）が養われるかについての研究がなされてきた（e.g. Eisner, 2002；Hetland, Winner, Veenema, & Sheridan, 2013；Halverson & Sheridan, 2014）。実際に，美術・造形表現教育を受けた生徒・児童の観察スキルの発達は実証的に示されている（Dolev, Friedlaender & Braverman, 2001；Tishman, MacGillivray & Palmer, 1999；Winner, Goldstein, & Vincent-Lancrin, 2013）。このことから，視覚は美術・造形表現における中心的な役割をもつ知覚であり，注視することで喚起される観察・予想・表現・省察といった態度や観察力は，美術・造形表現を通して培われるものであると言える。

　このように，幼児期の造形表現を検討するにあたっては，共同注意を成立させうるという点でも，視覚的思考を喚起するという点でも「注視」は重要な分析の視点であると考えられる。以上より，本研究では，視覚的位相での相互作用として幼児の「注視」を分析の視点とする。

2．身体的位相での相互作用を分析する視点：「見せる」動作・身体配置

　身体的行為の中でも，他者にモノを差し出し，「見せる」（showing）とい

う動作は，モノを差し出し，同じモノに他者の注視を向けることで，双方の注意をそのモノに集めるという形で，共同注意を操作する行動とされている（Tomasello, 1999/2006）。また，相手の「視覚的思考」を喚起する行為であるという点でも，上述した視覚的位相での相互作用を引き起こすものと考えられる。また，製作に関する実証研究においても，「見せる」という方略は，幼児に新しいアイデアをもたらす方略の一つにあげられている（Roden, 1999）。協働製作におけるモノを介した子ども間の相互作用に関する研究においても，子どもは指さしによって他者とのコミュニケーションを図っていることが示されている（Kangas, et al., 2013）。

　上記のような身体的動作とともに，幼児がある場でどのように位置取り，どちらに身体を向けているかも，協働での活動を分析する上での参照枠となることが指摘されている。協働での活動を構成する状況について論じた上野（1996）は，「協同的な活動」（collaborative activity）を観察可能にするための視点の一つとして，「身体配置」をあげ，「私たちは，あることを行うとき，常に，ある場所を占め，また，ある姿勢をとる。（中略）このような身体配置は，そのときどきでの社会的な相互行為の組織化のあり方を表現している」と述べる。そして，このような身体配置を"ポジショニング"（positioning）と呼び，「ある場所を占め，かつ，ある姿勢を組織化する行為」と定義する。さらに，あるポジショニングでの身体や視線の向きを"オリエンティング"（orienting）と呼び，このようなポジショニングやオリエンティングが「ある活動を組織化する行為，社会的相互行為を組織化する行為であると同時に，その活動の参加者の相互にそれぞれの行為を社会的に表示している。あるいは，相互に相互の行為を観察可能にするリソースと言うことができる」と言う（上野, 1996, p.8）。すなわち，"ポジショニング"や"オリエンティング"は，ある場所での人と人とモノとが相互に関わりあう状況を，一人ひとりの身体がどのように構成しているかということを観察可能にするための視点である。本研究では，"ポジショニング"を幼児がどこに位置して

いるかを示すものとして「位置取り」，"オリエンティング"を幼児の身体や視線がどこを向いているかを示すものとして「体の向き」という用語に置き換え，表記する。

このように，幼児の身体の位置取りや向きに着目することは，とりわけ，保育の場での身体的位相での相互作用を捉える上で重要であると考えられる。なぜなら，教科教育が行われる小学校以上の教室空間では，基本的に，机や椅子の配置や子どもたちの身体配置が固定されている。しかし，保育の場は，生活と遊びを中核とした総合的活動を基本としているため，活動ごとに環境設定が変えられることが多く，それに応じて幼児の身体配置も様々に変わる動的な空間である。このような動的な空間で，幼児がどこに位置し，どちらを向いているかは，幼児の注意の焦点がどこにあり，どのようなモノ，どのような他者が視野に入っているかを示す指標となりうると考えられるためである。

以上より，本研究では，身体的位相での相互作用として，「見せる」という身体動作および「位置取り」や「向き」といった身体配置を分析の視点とする。

3．言語的位相での相互作用を分析する視点：製作目的・モチーフ

本章第2節で述べた通り，言語は，注意を枠付けし，注意を維持する役割を果たす（Bruner, 1995/1999）。そして，言語を使用すると，単純に指さしや提示をするよりも，操作的に注意を特定できることから，言語は，注意を操作する道具の一つと言える（Tomasello, 1995/1999）。

協働製作に関する先行研究においては，言葉により内的思考を伝えることで，子ども間で目的を共有し，協働が成立すると考えられている。さらに，幼児期，特に5歳児の協働に関する先行研究においても，言語の重要性は指摘されている。無藤（1997）は，積み木遊びにおける幼児間の協働を論じる中で，言葉によりつくったモノについて合意を求めていかないと，個々の幼

児の作業が独立してしまい，いわゆる並行遊びに変わってしまうこと，協働が成り立っている事例では，幼児間で言葉での確認が見られたことを示し，言葉での作業共有の重要性を示している。また，佐藤（2009）も，幼稚園5歳児クラス全体で協働の活動が行われるようになるまでの過程を論じる中で，保育者と幼児の間で話し合いながら，イメージの共有や目的の生成，共有がなされたことを指摘している。一方で，上記の幼児期の協働に関する先行研究において特筆すべき点は，言語的位相での協働は，それだけで成り立つものではないことを明らかにしている点である。たとえば，無藤（1997）は，言語的位相のほかに知覚的位相，動作的位相があることに言及して，次のように述べている。

> 多少とも長い時間関わる協同性が成り立つには，物を組み立ててその成果が形として目の前に実現されていくことと，各々の子どもが別々に動きつつも，それが協同であることを示す，一つの構築物の実現やことばによる構想の提案が必要である。ことばのレベルでの協同とは，それ自体として自律しているのではなく，こういった知覚的動作的協同の上に成り立ち，そこで意味をなすものである（無藤，1997，pp. 180-181）。

　無藤が指摘するように，言語的位相での協働は，自律しているものではなく，知覚的・動作的位相での協働の上に成り立つものと考えられる。様々な位相での相互作用がどのように相互に連関し，言語による協働を成り立たせているのかを考慮する必要がある。

　本章第3節で述べたように，遊びの中で行われる製作においては，「つくる」活動と「つくったモノで遊ぶ」活動という二つの活動の水準があり，幼児がこの二つの活動間で移行をする際には，「つくる」という目的あるいは「つくったモノで遊ぶ」という目的を生成させ，共有していると考えられる。本研究では，この「つくる」という目的と「つくったモノで遊ぶ」という目的を「製作目的」と表記し，幼児間での製作目的の言葉での共有から，協働の活動におけるゴールの共有を分析する。幼児が製作目的を共有するという

ことは，Wartofskyが言うところの第三次の人工物を構成しようとしているものと考えられる。すなわち，現実世界から相対的に自立した，実際的な様々な制約から切り離された想像の世界を他者とともに構成することが目指されていると言える。

　一方で，協働について論じたTomaselloは，協働の活動への参加者は，高次のレベルにおいてはゴールを共有し，低次のレベルにおいては複数の視点に分化するという二段階の意図の構造について述べている。製作目的を共有したとしても，幼児一人ひとりの視点は異なるはずである。本研究では，その一人ひとりの異なる視点を，幼児が製作物や素材に付与した意味から捉えることを試みる。すなわち，モノの見立てに着目し，幼児がモノを見立てる対象となるものをモチーフと定義する。たとえば，トイレットペーパーの芯を望遠鏡に見立てた場合，モチーフは'望遠鏡'である。

　そもそも，幼児期の造形表現に関する古典的研究では，幼児の描画の発達における表現行為の発現を，幼児が表現物に対して名付ける行為において捉えている（Luquet, 1927/1979）。幼児は，描いたモノ（つくったモノ）とある対象との間に類似性を見出し，自分の描いたモノ（つくったモノ）に名付けることによって，表現する意図をもって描く（つくる）段階へと移行すると考えられる。表現とは，何かを表すこと，何かの形をつくり出そうという意図をもって造形することである。

　このモチーフを他者に伝えるということは，自分独自のモノの「見立て」「見え」を他者と共有するという点において，対象中心の共同活動（Karpov, 2005）でモノの社会的意味を構成する行為であると考えられる。そこで，幼児の意図やイメージを含んだモチーフに関する発話に着目し，そのモチーフ発話が幼児間でどのように伝えられているかを分析の視点とする。モチーフ発話の共有の定義は，幼児がモノを見立てている対象に関する発話を，他児に向けて行っており，その発話に対する相手からの応答があることと定義する。ただし，相手からの応答は，言葉による応答だけでなく，モチーフに関

する発話を行った幼児の製作物を見たり，うなずいたりといった非言語的な応答も含む。

以上より，本研究では，幼児間の言語的位相での相互作用を検討するために，「つくる」目的と「つくったもので遊ぶ」目的という二つの製作目的およびモチーフに関する発話を分析の視点とする。

第5節　本研究の研究課題と分析の視点

本節では，第3節の先行研究の課題の整理および第4節の本研究の分析の視点を踏まえ，本研究における目的と分析視点について述べる。

1．言語的位相での協働製作の成立過程（研究1）

第1の研究目的として，幼児間の相互作用の位相と考えられる言語的位相・視覚的位相・身体的位相がどのように立ち現れ，どのように言葉による協働製作が成り立つのかを検討する。

幼児期の協働に関する先行研究から，言語的位相での協働は，それだけで成り立つものではなく，視覚的位相，身体的位相を基盤にしていると考えられる（無藤，1997）。しかし，これまでの先行研究では，幼児同士を非日常の場所で出会わせ，その人工的な場でいかに協働の関係を取り結ぶかを実験的に検討している。幼児にとって日常的な保育場面で，同一個人が長期にわたり，時系列に沿って，どのように他者との相互作用を変化させ，言葉を用いて他者と協働するようになるかは検討されていない。

そこで，研究1では，同一幼児が他児の製作物に触れ，言葉を交わしながら協働で製作を行うようになる過程を時系列に従って検討する。そのために，本研究では，幼児がモノを「何か」に見立て，その「何か」を他児に伝える発話をモチーフ発話と定義し，幼児間でモチーフを伝え共有する過程を検討する。このモチーフを他者に伝えることは，自分独自のモノの「見立て」

「見え」を他者と共有するという点において，自分がつくろうとする対象に関する意図を知らせ，モノの社会的意味を構成する行為である。そのモチーフを他児に伝え共有することで，幼児間で意図が共有され，協働へとつながると考えられる。そこで，幼児が他児にモチーフ発話を行うまでの過程を検討し，幼児が他児と協働の関係を取り結び，言葉を交わしながら他児とともに製作を行うようになるまでの過程を明らかにすることを第1の研究目的とする。

　分析の視点として，身体的位相，視覚的位相，言語的位相での相互作用を，以下の視点から分析する。身体的位相の分析では，幼児の身体の「位置取り」や「向き」といった身体配置，および「見せる」という身体動作の相手として「見せる」宛先に着目する。次に，視覚的位相での相互作用を分析するために，他児の製作物への注視に着目する。幼児は，モノを「見る」ことにより，言葉を交わさずとも，相手が何をしているか，何を考えているかを知り，様々な情報を得ていると考えられるためである。そして，言語的位相を分析するために，前述したように，幼児がモノを見立てている対象であるモチーフに関する発話を，他児に向けて行っているか，その発話に対する相手からの応答があるかどうかに着目する。

2．他児の製作物の注視を通した表現の触発プロセス（研究2）

　第2の研究目的として，他児との相互作用を通した幼児の造形表現プロセスを，視覚的位相での相互作用，すなわち注視に着目して検討する。

　幼児の造形表現を他者との相互作用を通してなされるものとして捉える研究には，幼児間の模倣に着目した研究があり，模倣の大多数が創造の契機となり（奥，2004），協働描画の完成に導く要因となることが示されている（若山ほか，2009）。しかし，上述の研究では，他児の影響を受けて，幼児が独自の造形表現を生成するプロセスそのものは問うていない。他児の造形表現から得た情報を採り入れ，幼児が自分の着想につなげたとき，模倣は自己表現

や創造になると考えられる。本研究では，この自己表現の生成を，他児とは異なるモチーフの生成により捉える。

その際，「つくったモノで遊ぶ」目的という製作目的を共有することで，製作プロセスにどのような違いがあるかを明らかにするため，「つくったモノで遊ぶ」目的を共有している事例とそうでない事例ごとに，表現の触発プロセスを詳細に検討する。「つくったモノで遊ぶ」という製作目的を共有し，ゴールを共有することで，協働のあり方がどのように異なるのかを検討するためである。

3．幼児がモノを「見せる」行為の機能（研究3）

第3の研究目的は，他者にモノを差し出し，「見せる」という身体動作が，製作においてどのような機能を有しているかを検討することである。

モノを「見せる」行為は，受け手の応答とともに，モノを介した相互作用と言え，活動を進め，新しいアイデアをもたらすこと，年齢により「見せる」行為を行う頻度に差があることが示されている（Roden, 1999）。また，子どもは指さしによって他者とのコミュニケーションを補っていることが示されている（Kangas, et al., 2013）。「見せる」行為は，モノを差し出し，同じモノに他者の注視を向けることで，双方の注意をそのモノに集めるという形で，共同注意を操作する行動であり（Tomasello, 1999/2006），相手の「視覚的思考」を喚起する行為であるためと考えられる。

乳児の前言語行動としての「見せる」行動については，「乳児が1歳近くになると，養育者との関わりをとおして，外界の事物に興味を示し始める。それまでは，乳児と他者の二者間におけるやりとりが中心であったが，その構造は，次第に，乳児—対象—他者という三項間の社会的相互交渉へと変化していく」（Dunham & Moore, 1995/1999, p.15）と言われている。この三項関係の典型的な行動が，生後9ヶ月ごろから見られる指さし行動である。この指さし行動は，「自分が注意したもの，興味をひいたものを，自分ひとりで

第1章　他者との相互作用を通した幼児の造形表現プロセスの検討への視座　55

見るだけではなく，「見て，見て！」と他者にも呼びかけて見せようとするはたらき」（やまだ，1987, p.139）をもっている。

　指さし行動と類似した機能をもつ行動には，「提示（showing ものを手に持ってさし出して見せること）」や「手渡し（giving 手に持ったものを相手に手渡して見せること）」があり，これらは指さしとほとんど同時に派生すると言われている（やまだ，1987, p.139）。しかし，やまだ（1987）は，これらの前言語行動は，注意の共有場面の共有を表す行動として，ひとまとめに扱われており，個々の具体的な行動例では重複しているところも多いが，理論的・原理的には重大なちがいがあるとし，指さしと提示の決定的なちがいは対象（モノ）との距離にあると述べている（やまだ，1987, p.154）。すなわち，指さしでは，「私の一部（指や手）を相手に見せたいのではなく，外にある別のものを見せたい」（p.155）のに対し，提示では，見せたいのは「私の領域内のもの」（p.156）と言う。このような，指さしと提示のそれぞれの行動における乳児と他者との関係は，図1-6の「並ぶ関係」，図1-7の「提示（showing）の関係」として図示されている。

　やまだによれば，指さしは，基本的に「並ぶ関係」をつくるとされ，図1-6のように「私と他者が同じ場所に共存し，並び居ながら同じものを共に見るという関係である。私と他者は対面するのではないから，互いを見合

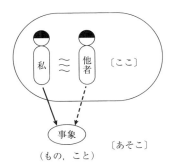

図1-6　並ぶ関係（やまだ，1987, p.149）

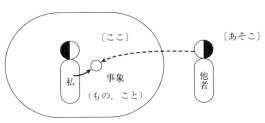

図1-7　提示（showing）の関係（やまだ，1987, p.148）

うことや私の方へ注意をひくことはめざしていない。同じ場に共に立ち，並んで同じものを見ることで共感の波が横から伝わる伝達図式」（やまだ，1987, p.150）であると言う。

　一方，提示は，図1-7に示すように，「〔ここ〕にあるもの〔これ〕を相手に見せる行動である。〔これ〕は私の領域内のものである」（やまだ，1987, p.156）という関係で表せるものであり，「もともと自分自身に注目させる行動ではないが，ものを通じて私を見せる，さらに私そのものを見て欲しいという行動へと発展しやすい機構をもっている。相手は，私，あるいは私のもの，の観客として機能するのである。したがって提示は，人の注目を集めるために呼ぶ行動や，見せもの的身振り，さらにはずっと後に発達する見せびらかしや自慢や誇示などと機能的につながっていく」（やまだ，1987, p.156）とされる。すなわち，指さしと提示では，他者が自分と同じ心理的場所に立つ「並ぶもの」なのか，他者は自分の「観客」なのかというように，〔私〕と〔他者〕との位置関係がちがっているとしている（やまだ，1987, p.158）。

　さらに，やまだは，これら指さしと提示の関係とは異なるものとして，「対面してボールを投げたり受けたりするボールのやりとり関係や，対立する立場の人とテーマ（話題）をやりとりする対話的関係」を図1-8のように表している。

　以上のように，「見せる」行為と言っても，原理的に考えると，それが指さしか提示かやりとりなのかにより，相手との位置関係（並ぶ関係／対面関係）や対象（モノ）との距離（外にあるモノ／私の領域内）において質的に異な

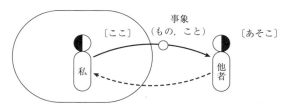

図1-8　やりとりの関係（やまだ，1987, p.149）

るコミュニケーションであると言える。

　これら非言語・前言語の共同注意は9ヶ月頃から発現し，その後，言語による共同注意が発現するとされている。「見て」という発話について，綿巻（1998）は，これが経験や情報の共有を表現する共同注意請求発話であるとし，家庭で収録した1名の女児の言葉の資料をもとに，月齢27ヶ月から共同注意請求発話が出現した事例をあげている。そして，26〜28ヶ月に「見て」発話が出現しているという結果から，言語による共同注意は「2歳代に発現する」（綿巻，1998，p.164）としている。そして，この種の発話が自閉症の子どもに非常に少ないことに言及し，幼児が他者との関係を表す言葉の一つであるとみなしている。

　しかし，実際の保育の場で行われる協働製作において，この「見せる」行為が，どのような機能を果たしているのかは，明らかにされておらず，幼児の発達的変化や幼児間の関係性の変化に伴う，時期による機能の相違は検討されていない。そこで，研究3では，「見せる」行為の機能ならびに時期による機能の相違を検討する。

4．関係性の変化に伴う幼児間の「見せる」行為の時期的相違（研究4）

　第4の研究目的は，幼児間の相互作用と関係性の関連の検討である。幼児の「みてて」発話について検討した福﨑（2006）は，「みてて」発話は，未知の関係では生じず，既知の関係間を経て徐々に広がっていくことを明らかにしている。この知見より，時期により幼児が「見せる」相手は異なり，幼児がモノを「見せる」行為は，時期により異なる特徴を持つことがあると予想される。

　幼児間の相互作用と仲間関係に関する研究では，幼児が相手との関係における親密度に応じて相互作用の内容を変えていることが明らかにされている（本郷，1996；原，1995；高櫻，2013）。このことから，特定の幼児と一緒に過ごす時間の長さや回数の多さといった時間的経過に伴い，幼児間の関係の親

密性も変化すると考えられ，その変化に応じて「見せる」行為の機能も異なると予想される。そこで，研究4では，幼児間の関係性の変化に伴う「見せる」行為の時期による相違を検討する。

5．「つくる」活動と「つくったモノで遊ぶ」活動の展開の時期的相違
（研究5）

　第5の研究目的は，製作目的の言葉での共有に着目し，製作における「つくる」活動と「つくったモノで遊ぶ」活動の展開プロセスを検討することである。このプロセスを検討することで，幼児が製作物を媒介に，現実世界とは相対的に自立した想像上の意味世界（第三次の人工物）を構成するプロセスを明らかにすることができる。

　「遊びを通した総合的な指導」を基本とする日本の幼児教育では，製作を遊びと関連づけて捉える見方がある（e.g. 小川，2010；河邉，2005）。保育室の一角に設けられた製作コーナーで，幼児が様々な素材や道具を用いて行う製作は，多くの園で日常的な遊びの中で行われる。そこでは，幼児が，モノをつくることで，モノを別の何かに見立て，その見立てにより行為のイメージが引き出され，そのイメージを他児と共有することにより，他児とモノを使って遊ぶことにつながるという展開が見られ，その展開において製作は基本的な要素である。

　このような製作から遊びへの展開は，幼児がモノとのかかわりから遊びにおける想像上の意味世界（第三次人工物）を生成するプロセスと捉えられる。遊びにおける意味の生成は，主に，ごっこ遊びの研究において研究がなされてきた。中でも，Vygotsky（1967/1989）は，ごっこ遊びを支える幼児の想像力は，幼児の周りにある具体的なモノやそれを用いた行為から生じると考えた。一方で，幼児の遊びにおいて，思考はモノから分離され，行為はモノからというより，アイデアから立ち現れてくるとも述べている（Vygotsky, 1978, p.97）。幼児の遊びにおいては，モノが意味を規定する「比率（ratio）」が変

わり，意味がモノを規定するのである（Hedegaard, 2007）。上述のVygotskyのごっこ遊び論を援用し，ごっこ遊びにおけるモノと，幼児がモノに付与する意味との関連について検討した長橋（2013）は，ごっこ遊びにおいて幼児が道具を使って遊び空間をつくっていくことと，ストーリー性のある行為展開に基づく協働的な遊びの生成は，相互規定的な関係になっていることを示している。

加えて，ごっこ遊びにおいては，モノの物理的・視覚的な特徴と，幼児の遊びの中での想像上の意味との「比率」が時期によって変化することが，いくつかの実証研究により明らかになっている。たとえば，宍戸・荒木・大谷・荻野・虎頭・中村・田中（1995）は，幼稚園3歳児のままごと遊びの7ヶ月にわたる観察研究から，3歳児のモノの見立ては，はじめはモノに規定された見立てが主流であるが，遊びの中に流れのようなもの（ストーリー化）ができてきた頃（入園後約5ヶ月が経過した9月頃）には，ストーリーに沿って必要なモノを見立てようとしはじめ，モノそのものの形態や機能から離れた見立てを行っていたことを明らかにしている。同様に，秋田・増田（2001）でも，4歳児のごっこ遊びの1年間の観察研究から，4歳児の4月～7月ではモノや場から「役」を生成・成立させながら，相互作用の中でごっこ遊びを展開していくが，9～11月の時期や12～3月の時期では，モノや場に依存しないでごっこ遊びを始めていたことを明らかにしている。

さらに，ごっこ遊びにおけるモノや他児との相互作用の特徴も，時期により異なることが示されている。宍戸ほか（1995）は，3歳児のままごと遊びでは，単発的なモノの見立てをつなげてストーリー化していくためには，それぞれのイメージの交換が必要になってくる。そのため，言語的な行動とともに非言語的な同調的行動が増加することも，ストーリー化への大きな力になってくると考察されている。秋田ほか（2001）では，4歳児のごっこ遊びでは，4月から7月にかけての時期では非言語行動によって「役」が生成・成立していたのに対し，9～11月および12～3月の時期では，宣言・意見調

整・合議といった言語行動の発現によっていたことが示され，4歳児の相互作用の特徴が非言語行動中心から言語行動中心になっていくことが明らかにされている。

　ごっこ遊びに限らず，製作を伴う遊びにおいても，松本 (2004) が，Vygotsky の系譜にある社会文化的アプローチの視座に立ち，幼児が遊びの中でモノをつくる過程で，幼児の意味世界が行為者である幼児自身や他者との間で協働的に形成されることを指摘している。ただし，製作を伴う遊びにおいては，幼児のモノと想像上の意味生成や，幼児とモノ・他児との相互作用の時期による相違は明らかになっていない。また，幼児の造形表現には，幼児が嗜好する「表現スタイル」に個人差があり，このような個人差には，発達による変化は見られないことが明らかになっている (槇, 2003)。幼児の意味生成が時期によりどのように異なるのかを検討するには，個人差も考慮する必要があると考えられる。

　そこで，研究5では，幼児個人の「表現スタイル」に考慮し，製作を伴う遊びにおける意味生成や，モノ・他児との相互作用について，「つくる」という目的と「つくったモノで遊ぶ」という二つの製作目的を言葉でどのように共有しているかに着目して，検討する。

第6節　本研究の構成

　本研究では，前節で述べた5つの研究目的について，3部（I〜III部）構成，全8章で検討する（図1-9）。以下，図1-9に基づきながら，本研究の構成を述べる。

　第I部「本研究の問題と目的」は，以下の2章からなる。

　第1章「他者との相互作用を通した幼児の造形表現プロセスの検討への視座」では，第1節で，本研究で対象とする造形表現を，遊び場面における廃材などを用いた製作とし，遊びの中で幼児が他児と相互作用を行いながら表

現を行うプロセスを検討する意義について述べた。第2節では，遊びが行われる文脈の中で製作を捉えるための理論的枠組みとして社会文化的アプローチの視座に立ち，主要な概念となる「媒介」について整理するとともに，「媒介」概念を通して捉えられる「共同注意」の理論について説明した。第3節では，乳幼児期から児童期にかけての製作研究の知見を概観し，研究課題を整理した。本研究に通底する研究課題として，幼児期の協働製作を可能にする相互作用の諸位相とその機能の同定がある。そこで，第4節では，本研究の分析視点として，言語的位相，視覚的位相，身体的位相という3つの位相での共同注意と関連する相互作用に着目して研究を行うことについて述べた。具体的には，言語的位相での相互作用として，①「つくる」目的と「つくったモノで遊ぶ」目的という二つの製作目的の発話とその応答，②幼児が見立てた対象であるモチーフに関する発話を分析視点とすること，視覚的位相での相互作用として，③注視を分析視点とすること，身体的位相での相互作用として，④身体の位置取りや向きといった身体配置，⑤幼児が他者にモノを「見せる」という身体動作を分析視点とすることについて述べた。そして，他者との相互作用を通した造形表現を検討する上での，本研究の課題を整理した。

　第2章「方法」では，本研究の目的を達成するために，第1節で本研究が採用した方法について，参与観察，微視発生的分析，ビデオ記録を用いた分析の3点から述べる。続いて，第2節では，観察の方法の詳細について説明する。

　第Ⅱ部「製作における幼児間の相互作用の諸位相―視覚・身体・言語―」は，幼児が他者との相互作用を通して表現を行うプロセスを，視覚的位相・身体的位相・言語的位相という3つの位相での相互作用から検討する。第3章「言語的位相での協働製作の成立過程」では，幼児1名が他児にモチーフを伝える発話を行うまでの複数の事例を時系列に沿って分析するため，幼児の身体の位置や向き，モノを「見せる」行為の宛先，他児の製作物の注視に着

目する。第4～7章では，第3章の結果に基づき，共起する諸位相での相互作用のうち，第4章で視覚的位相，第5・6章で身体的位相，第7章で言語的位相での相互作用に着目し，それぞれの位相で，幼児がどのような相互作用を通して他児とともに製作を行っているのかを検討する。具体的には，第4章「他児の製作物の注視を通した表現の触発プロセス」で，他児の製作物の注視を通して幼児が独自の表現を行うプロセスを，幼児の注視方向および他児の製作物の注視後に採り入れる製作要素から検討する。第5章「幼児がモノを『見せる』行為の機能とその時期的相違」では，幼児がモノを「見せる」行為の製作場面に固有の機能を，「見せる」行為の相手や時期により異なる特徴という観点から検討する。第6章「幼児間の関係性の変化に伴う『見せる』行為の機能と製作プロセスの時期的相違」では，2名の対象児と他児との関係性の変化に伴い，「見せる」行為の機能と製作プロセスがどのように異なるのかを時期による相違として考察する。第7章「『つくる』活動と『つくったモノで遊ぶ』活動の展開プロセスの時期的相違」では，槇（2003）を参考に，「表現スタイル」の嗜好が異なると想定される幼児2名の事例を分析することにより，幼児の個性に応じて，幼児がどのように製作目的を共有するのか，想像上の意味世界を構成するのかを明らかにすることを目的に検討する。

　最後の第Ⅲ部「総合考察」は，第8章「総合考察」からなる。この章は，第3章から第7章までの内容を踏まえ，他者との相互作用を通した幼児の造形表現プロセスの特徴や諸位相での相互作用の機能や関連について，総合的な考察を行い，本論文の理論的意義と限界，方法論的意義，そして今後の課題について整理し，本研究を総括する。

第1章 他者との相互作用を通した幼児の造形表現プロセスの検討への視座

第Ⅰ部　本研究の問題と目的

第1章　他者との相互作用を通した幼児の造形表現プロセスの検討への視座
社会文化的アプローチにおける「媒介」概念と共同注意の理論を手がかりに，製作を幼児（4歳児）と他者とモノとの三項関係を基本とする活動とみなし，先行研究の知見を概観し課題を整理する。

〈本研究の分析枠組み〉（○分析視点）

言語的位相	視覚的位相	身体的位相
○「つくる」目的と「つくったモノで遊ぶ」目的の生成・共有 ○モチーフ発話	○注視	○身体の位置取り・向き ○「見せる」行為（身体動作）

〈本研究の目的〉
協働を可能にする相互作用について検討し，他者との相互作用を通して幼児（4歳児）が造形表現を行うプロセスを明らかにする

第2章　方法
他者との相互作用を通した幼児の造形表現プロセスを捉えるための方法論
　1）参与観察　2）微視発生的分析　3）ビデオ記録を用いた分析
本研究の観察方法

（理論部分）

第Ⅱ部　製作における幼児間の相互作用の諸位相 ―視覚・身体・言語―

視覚・身体・言語的位相	第3章　言語的位相での協働製作の成立過程（研究1） 言葉でモチーフ共有を行うまでの身体配置・「見せる」行為の宛先・他児の製作物の注視
視覚的位相	第4章　他児の製作物の注視を通した表現の触発プロセス（研究2） 他児の製作物の注視とその後採り入れた製作要素から独自の製作を行うプロセスを検討
身体的位相	第5章　幼児がモノを「見せる」行為の機能とその時期的相違（研究3）
身体的位相	第6章　幼児間の関係性の変化に伴う「見せる」行為の機能と製作プロセスの時期的相違（研究4）
言語的位相	第7章　「つくる」活動と「つくったモノで遊ぶ」活動の展開プロセスの時期的相違（研究5）

（分析部分）

第Ⅲ部　総合考察

第8章　総合考察
本研究の結果を受けて，他者との相互作用を通した幼児の造形表現プロセスについて総括する。その上で，本研究の理論的意義と限界，方法論的意義，今後の課題を述べる。

（総括部分）

図1-9　本研究における研究構成

第2章 方　　法

　本章では，他者との相互作用を通した幼児の造形表現プロセスについて明らかにするという目的に即し，本研究が採用する方法論を提示する（第1節）。そして，本研究で実施した観察の方法（第2節）について説明する。

第1節　本研究における方法論的立場

1．参与観察

　本研究では，社会文化的アプローチの視座に立ち，製作は，製作や遊びが行われる文脈に依存し，他者やモノとの相互作用を通してなされる活動と捉えている。このような製作の中での造形表現プロセスを検討するためには，「人と人の行動，もしくは人とその社会および人が創り出した人工物（artifacts）との関係を，人間の営みのコンテキストをなるべく壊さないような手続きで研究する手法」（箕浦，1999，pp.3-4）であるフィールドワークが適していると考えられる。そこで，本研究では，観察方法として参与観察，すなわち幼児にとって自然な状況である日常の保育の中に研究者自身が入り，保育者や子どもたちとの信頼関係（ラポール）のもとで，継続的に観察を行う方法を採用する。生態学的妥当性の高い保育環境のもとで参与観察を行うことで，収集されたデータに根ざした仮説生成を行う。

　また，参与観察を行うにあたっては，観察場所を同一の場所に定め，そこで製作に取り組む幼児たちの相互作用を検討することとする。本研究では，幼児の製作がもっとも生まれやすい場の一つとして製作コーナーとその周辺に場所を限定し，幼児の製作場面を継続的に観察する。場所を限定することで，その場に関わる子どもの人数が限定され固定化される側面をもつ一方で，

平均的な子どもの姿ではなく個々の子どもの個性や個人差を検討することが可能になる（秋田・増田，2001）と考えられる。幼児の個性や「表現スタイル」，素材経験の多寡などの個人差要因が大きいと考えられている製作において，個々の幼児の具体に即した検討が可能になると考えられる。

2．微視発生的分析

協働での製作は，モノを指さしたり見せたりするなどして，モノに媒介された微細な行動や発話を通して進められていることが明らかになっている（Kangas, et al., 2013）。本研究では，一つひとつの事例における幼児の発話や行為の細部の変化を，製作物の微細な変化と合わせて記録し，分析する。このように，短期間の幼児とモノの変化を捉えるための方法として，「微視発生的分析」（micro-genetic analysis）がある。

微視発生的分析は，人の認知発達の変化がどのように生起するのかについて，詳細なデータに基づき，綿密な分析を行う方法であり（Siegler & Crowley, 1991），主に，以下3点の特徴を持つ。第1に，観察は，コンピテンスが急速に変化する期間に行うこと，第2に，この期間内で，観察は変化の速さに比して高密度であること，第3に，集中的に分析を行い，変化を引き起こした表現やプロセスを推察することである（Siegler, 2006）。変化が生起するプロセスを分析することで，どのような引き金で変化が起こっているか，どのように変化が起きるのかを検討することができる（Chinn & Sherin, 2014）。

微視発生的分析に適している研究課題の一つに，変化に伴って共起する事象やプロセスの分析があげられる（Chinn & Sherin, 2014）。たとえば，身ぶり（gesture）についての研究では，微視発生的分析により，算数などの問題を学習している児童が，ある方略から別の方略へと方略を変える瞬間は，話し言葉より先に身ぶりに表れることを示している。すなわち，身ぶりは新しい方略を示しているのに対し，話し言葉では古い方略を示すという知見がある（Broaders, Cook, Mitchell, & Goldin-Meadow, 2007；Goldin-Meadow, Alibali, &

Church, 1993)。ここでは，方略が変化する瞬間において，身体的位相での身ぶりと言語的位相での話し言葉の変化が共起するプロセスが分析されている。上記の例のように，微視発生的分析により，身ぶりが学習において重要な役割を持つことを示すエビデンスが蓄積されている（e.g. Goldin-Meadow et al., 1993)。学習環境では，言語的位相とともに非言語的位相での活動が学習の媒介となるため，両方の位相での活動を捉え，微視発生的に分析する必要があると言える。

　本研究では，モノを介した子ども間の相互作用の中でも，言語的位相だけでなく，非言語的位相で共起する相互作用を明らかにすることが目的の一つである。そこで，観察・分析の方法として微視発生的分析を採用することとする。

　特に，日本の保育研究においては，相互作用における微細な行動に着目した研究が行われてきており，微視発生的分析あるいはそれに類する研究が蓄積されてきている。代表的な例として，無藤（1996a）は，身近な環境における種々のモノに対する身体的動きを獲得することが保育の中核であるという「身体知」理論を唱え（無藤，1996a)，未知の幼児間が協働関係[6]をとり結ぶ過程を，モノに応じた身体の動きや視線，発話に着目して分析し，共通のモノへの注意の成立が相互作用の始まりとして重要であることを明らかにしている（無藤，1996b)。同様に，相互作用における身体の動きに着目した研究として，砂上の一連の研究は，他児と同じ動きをすることや同じモノを持つことが仲間意識やイメージの共有に結びついていることを明らかにしている（砂上・無藤，1999；砂上，2000；砂上，2002；砂上，2007)。また，幼児の会話における微細な発話行為として，3歳児が遊びの中で交わす終助詞・間投助詞「ね」の使用に着目した高櫻（2008）は，「ね」発話に仲間関係の親密性が表

---

[6] 無藤（1996b）では，協働関係を，「真に協同と言えるかどうかは，その定義によって変わるだろうが，互いに相手の動きを予期し，それを考慮に入れて自分のするべきことをしている点で最小限の協同関係はあると言える」（無藤，1996b, p.21）としている。

れることを明らかにしている。いずれの研究でも，幼児間の相互作用のうち，一部の微細な行動が相互作用を成り立たせ，仲間関係の形成や維持に寄与しているという知見を提示している。相互作用における微細な行動を分析の視点とし，それらの行動の可視的事実を記述することで，綿密な分析を行うことは，日本の保育研究にもなじみ深いと言える。

3．ビデオ記録を用いた分析

上述したような微視発生的分析が可能になった一因には，ビデオ記録技術やそれを分析するソフトウェア等の技術が一般にも利用可能になり，洗練されてきたという背景がある（Siegler, 2006）。

しかし，このビデオを用いた観察・分析方法には，利点と，それらの利点とは表裏一体の問題点が存在する。質的研究法におけるビデオの利点については，「情報量の多さ」，「臨場感」，「繰り返しの視聴が可能」であることがあげられ（砂上，2004），保育の研究にビデオを用いることの有効性としては，「圧倒的に多い情報量」，「撮影者の意図を超える情報」，「再生方法を"変化"させて見直すことができる情報」，「文字記録のような"語り口"に左右されない情報」，「身体，時間，テンポなどを捉えられる情報」，「その場にいなかった保育者と臨場感をもって共有できる情報」の6点があげられている（岸井，2013）。

一方で，ビデオの限界としては，「現実が切り取られてしまう」，「文字変換の大変さ」があげられている（砂上，2004）。ビデオはフレーム内にある映像については膨大な情報を提供する反面，フレーム外の現実については映し出さない。ビデオが何を映し出すかというフレームの選択は，撮影者である観察者に任されている。ビデオ記録も，ある視点から設定されたフレームの中に切り取られた現実であり，無視点という意味での中立性はない（石黒，2001）。その点で，観察者の持っている研究上の視点や理論的枠組みと切り離すことができない。そのため，切り取られた現実は，観察者が選んだ現実

でしかなく，それにより入手したデータを同観察者により分析することは，恣意的な分析・解釈につながる危険性がある。

　砂上（2004）は，このような危険を回避するために，ビデオ映像だけで分析を行うのではなく，ビデオ映像以外の記録（肉眼による観察の筆記記録や対象者へのインタビュー記録など）と合わせて，現象を理解し解釈していくことが必要であると指摘する。つまり，ビデオによる観察研究を行うためには，ビデオ撮影以外の観察とその記録と合わせて解釈することが不可欠である。そして，撮影したビデオの事例や文字記録を保育者や他の研究者と共有し，分析・解釈の妥当性を確保することも重要な作業である。

　観察後に撮影した映像を文字に書き起こす文字変換に，かなりの労力を費やさなくてはならないこともビデオの限界点としてあげられる。この限界点と関連して，ビデオ記録を分析するにあたっては，別の問題も生じてくる。上述したように，ビデオ記録により，研究者は，圧倒的な量のデータを記録・分析することが可能となる。この圧倒的な量のデータの中から，研究者は，自分が取り組んでいる研究課題と視点に合わせてデータの一部を選択するとともに，必要がないと思われるデータの一部を削除しなければならない。それに伴って，データ整理（data reduction），データ選択（data selection）という問題が生じてくる。教育研究におけるビデオの使用について論じたGoldman, Erickson, Lemke & Derry（2007）は，研究するプロセスにおいて，どの出来事を選択するかという問題は，様々な段階に生じるとし，代表的なものとして，次の4つの段階をあげている。

　　A）研究を計画し，何を，いつ，どこで，どのように撮影するかを決めるとき
　　B）どのような尺で撮影するかを決めるとき（ビデオを回すかどうか，ある箇所でビデオを切るかつなげて撮影するか，広角で撮るかクローズアップで撮るか，平行移動するかズームアップするか）
　　C）ビデオ編集の際に，ビデオデータの集積から，1本かそれ以上のビデオクリップを選ぶとき

D）異なる2つの目的によって撮影したビデオクリップに着目するとき
（Goldman, Erickson, Lemke & Derry, 2007, p.17）

このうち，特に，（C）は，データの中から分析可能で，議論に耐えうる分析単位をいかに選べるかというデータ整理の問題であり，研究の妥当性を確保する上で重要な問題である。このデータ整理について，ビデオ研究の方法について論じた Ash（2007）は，次のように問題提起をしている。

> 研究を行うにあたっては，情報量がきわめて多い微視発生的（micro-genetic）な研究と，これらの研究が位置付いている広い文脈的な視座とのバランスを取る必要がある。（中略）分析の単位を選ぶにあたって，理論に基づいた基準を設ける責務は研究者にある。（中略）研究者は，比較的小さいデータセットから導かれた，きわめて特定の，微視発生的で詳細かつエピソードに基づいた分析から，どれほどの一般化ができるかについての理論的根拠を明示しなければならない（Ash, 2007, p.209）。

この分析上の問題は，先述の微視発生的分析とも関連する問題である。膨大な情報量を有するビデオ記録の中から，ある視点に基づいて特定のエピソードを分析するためには，分析単位を定めなければならず，どの程度の詳細さと精緻さで分析するかを研究者が選ばなければならない。詳細で精緻な分析を行うことは，認知発達の微細な変化を直接的に捉えるための有効な方法であるが，同時に，その小さいデータセットからどの程度の一般化が可能なのかという疑問も免れない。Ash（2007）は，このデータセットの小ささという問題について，次のように述べる。

> ここで，小さいと言っているのは，被験者（研究協力者；N）の数の少なさである。このような指摘に対して，考えうる応答の一つは，数（N）の少なさは，綿密なレベルでの分析で埋め合わせているため，相殺されるというものである。しかし，この応答は，部分的にしか納得のいくものではない。より強力な一般化（generalization）は，共起的，相互連関的にいくつかのレベルでの分析をすることで可能になるだろう。私は，このような分析を，マクロからミクロな分析への移動と呼ぶ。ここでの課題は，出来事の全体的な概観は保ちつつ，それと同時に，詳細で代表的な出来事を分けることである（Ash, 2007, p.209）。

微視発生的分析では，その分析の詳細さ，綿密さ，精緻さと引き換えに，分析する対象の数は少なくなる。この数の少なさから，微視発生的に行われた分析がどれほど一般化可能かという疑問が不可避的に生じる。そこで，Ash（2007）は，エピソードをマクロからマイクロへと，いくつかの共起的・相互連関的なレベルに分けて，分析する方法を提案している。

その際には，微視発生的分析の分析単位となったエピソードが，観察された文脈とどのように関連し（文脈性），なぜそのエピソードが選ばれたのか（有意味性），なぜその詳細さ・精緻さで分析する必要があるのか（詳細性）についての基準を研究者が持ち，説明する必要があると言える。これは，Ash（2007）が，社会文化的アプローチに依拠しているためとも言える。社会文化的アプローチは，データの文脈を重要視し，現象の複雑さを捉えようとするアプローチだからである。

本研究では，注視や動作といった非言語的位相での相互作用を分析する。そこで，エピソードに基づき，微視発生的分析を行う必要がある。微視発生的分析を行うにあたっては，上記の論を参考に，分析単位となるエピソードの文脈を記述し，エピソードの有意味性，詳細性の基準を示すことが重要であると考えられる。

4．視覚的コーディング

上記のような方法と関連して，ビデオ記録により収集したデータをもとに，非言語的行為を分析するための方法が開発されてきている（Goldman, Pea, Barron & Derry, 2007）。その一つに，Sfard & Kieran が開発した視覚的コーディング（visual coding）がある。Sfard & Kieran（2001）は，数学の授業における協働学習の効果を会話分析により検討し，生徒2人の対話を「相互作用フローチャート」（interaction flowchart）に視覚的に記して分析を行った。「相互作用フローチャート」では，生徒2人の対話におけるそれぞれの発話を「○」で，生徒の発話に対するもう一人の生徒の応答を「矢印」で表して，

一人ずつ欄に分けて記述し，その欄を重ね合わせることで，応答を表す「矢印」の少なさから2人の対話の中でミスコミュニケーションや無視が起きたことを見出している。視覚的に記述し分析することで，協働で問題解決をする際には，相手とコミュニケーションをとることと個人でじっくりと考えることの間のバランスが重要であると結論づけている（Sawyer, 2006/2009）。

　本研究第4章では，このSfard & Kieranの手法を参考に，幼児の注視方向を視覚的に記述することを試みる。Sfard & Kieran (2001) において，矢印の少なさから視覚的に応答がないことへの考察を生んだように，注視方向だけでなく，注視をしていないことへの考察も可能にすると考えるからである。

　同様に，視覚的コーディングの一例として，Hmelo-Silverらが開発したCORDTRA（Chronologically-Ordered Representation of Discourse and Tool-Related Activity）があげられる。特に，社会文化的アプローチの視座に立つ研究では，相互作用の媒介となるモノの役割を強調しているため（Wertsch, 1998/2002；Cole, 1996b），モノ・ツールの使用に着目した分析方法が開発されてきている。ツールの使用に着目した分析方法として，まず開発されたのが，Luckin (2003) が開発したCORDFU（Chronologically-Ordered Representation of Discourse and Features Used）である。CORDFUは，コンピューターによって支援された協働学習（Computer Supported Collaborative Learning：CSCL）において，ソフトウェアを用いたハイパーメディアの作成が，学習者の協働での会話にどのような影響を及ぼすかを分析するために考案されたものである。CORDTRAは，CORDFUをCSCLだけでなく，その他の場面にも応用可能にしたもので，会話における発話，および描画や身ぶりといった会話以外の行為を，ビデオに基づきコーディングし，一枚の時系列の図に表す方法である（Hmelo-Silver, Chernobilsky & Jordan, 2008）。

　CORDTRAは，行為者の発話や行為を縦軸に，発言番号や時間経過といった時間軸を横軸にしている。これにより，研究者は，あるプロセスを理解

するための様々なコーディングを時間軸上に並置できる。たとえば，談話における発話のコード，身ぶりのコード，道具の使用に関するコードがそれぞれの軸に記される。従来の分析方法では，コーディングされた発話や行為の頻度がカウントされ，量的に分析されていたのに対し，CORDTRAでは時系列に沿って，会話と身ぶり・道具使用との関連を示せるようになり，外在的な道具や記号が協働学習においてどのような役割を果たしているのかが質的に議論できるようになった（Hmelo-Silver, Chernobilsky & Jordan, 2008；Hmelo-Silver, Liu & Jordan, 2009；Hmelo-Silver, 2003）。

　上記のCORDTRAを用いて，小学校児童の製作を分析したのがKangas, et al.(2013) である。Kangasらは，CORDTRAを分析に使用したことで，縦断的な，複雑で繰り返しの多い製作プロセスの全体と詳細を捉えることが可能になったとしている。

　ただし，時系列に従ってダイアグラムに行為や発話を記す方法では，幼児が何に注意を向け，そこからどのような情報を得ているのか，誰のどの発話（行為）が，他の誰のどの発話（行為）に影響を与えたかといった相互作用の力動は捉えられない。本研究において，モノに媒介された他者との相互作用から生じる造形表現を捉えるためには，いつ誰が何をしたかということの図示だけでなく，それらの発話・行為の向けられた相手や機能を考慮に入れた社会的相互作用の分析が必要となる。そこで，本研究第7章の「つくる」活動と「つくったモノで遊ぶ」活動の展開プロセスの検討では，幼児の発話や行為を時系列に従って視覚的に示すCORDTRAの方法を参照し，幼児の造形表現プロセスの中でも重要な一部分を分析単位として抽出し，ビデオ記録の静止画を用いて，その分析単位における幼児の発話や行為の向けられた相手・機能を分析し，幼児の他者やモノとの社会的相互作用の力動を明らかにすることを試みる。

第2節　観察の方法

本研究の観察調査の期間および研究協力者の概要を表2-1に示し，以下，研究協力園，観察の期間と場面，観察記録の作成について説明する。

1．研究協力園

観察にご協力いただいた園は，学校法人を設置主体とする神奈川県内の私立幼稚園である。職員は，理事長，園長，副園長，全体主任，学年主任各1名，幼稚園教諭29名，保育補助5名ほかからなる幼稚園で，年長138名，年中182名，年少184名の合計484名の幼児教育を行っている（園児数および職員数は，2012年度の数）。3年保育児と2年保育児がいるが，観察にご協力いただいたクラスは，すべて3年保育児のクラスである。各学年は5～6クラスからなり，年度開始の4月に毎年クラス替えを行う。保育時間は，基本的に

表2-1　本研究の観察期間と研究協力者の概要

観察期間	観察回数（観察時間）	観察クラス	園児数	担任保育者の性別；経験年数
2012年度5月～11月	27回（約120時間）	4歳児A組	男児15名；女児15名	女性；9年
		4歳児B組	男児14名；女児16名	女性；4年
		4歳児C組	男児15名；女児15名	女性；4年
		4歳児D組	男児15名；女児14名	女性；3年
		5歳児A組	男児13名；女児14名	女性；8年
		5歳児B組	男児12名；女児14名	女性；4年
		5歳児C組	男児12名；女児14名	女性；3年
		5歳児D組	男児15名；女児15名	女性；4年
2013年度4月～3月	34回（約135時間）	4歳児E組	男児15名；女児13名	女性；2年
		4歳児F組	男児14名；女児14名	女性；5年

月曜日から金曜日の9時から14時まで通常保育を行っているが，水曜日は9時から11時30分までの午前保育となっている。そのほか，水曜日を除く月曜日から金曜日の14時から17時まで，水曜日は11時半から16時まで預かり保育を行っている。

　1日保育のスケジュールは，行事やその日の一斉活動の内容によって異なるが，基本的に9時10分から11時までが自由遊びの時間，11時から12時がクラスごとの一斉活動，12時から13時までがお弁当，お弁当の後から14時までが自由遊び，降園の用意，クラスごとのその日のまとめの時間となっている。午前と午後の自由遊びの時間には，子どもたちが自発的に遊べるような環境が用意されており，以下のような環境設定がなされている。廊下には1階と2階をつなぐ箱型遊具やネット遊具，台所や食具のミニチュアなどのおままごとコーナーが安全に配慮された形で設置されている。プレイルームには，縫い物などの日常生活の練習や数・言語にかかわる遊びを子どもが自分で選んで行えるよう様々な玩具が取り揃えられている。園庭内には，各種の遊具やログハウス，水車などがあるほか，大きな築山や大木につながれたターザンなど，遊びの中で十分に体を動かせるよう配慮されている。園庭内には多くの植物や実のなる木が多く植えられ，四季の移り変わりが感じられる豊かな自然環境がある。また，小川や田んぼ，メダカのいる池といったビオトープがつくられ，子どもたちが虫や水中の生き物に接することができる環境が用意されている。このような環境設定の一環として，自由遊びの時間には，保育室内に，幼児が好きな素材を用いて好きなものをつくれるように，各種素材と道具が置かれた製作テーブルが設定されている。

2．観察の期間と場面

　第1段階の観察（2012年度5月〜11月）では，夏季休暇期間を除いて，週に2度（計27日），午前と午後の自由遊び時間を中心に観察を行った。ただし，園生活全体の流れを捉えるために，1回につき登園時から降園時（午前9時

〜午後2時）までの約5時間の観察を行った。週に2回の観察のうち，1回は4歳児クラスの4-A組，もう1回は5歳児クラスの5-A組を優先的に観察したが，優先的に観察するクラスが園外活動や一斉活動を行っていて，自由遊び時間での製作が見られない場合は，同学年の他のクラスを観察した。4歳児クラスと5歳児クラスの両学年の幼児を観察したのは，第1段階の観察は，製作コーナーにおける各学年での相互作用がどのように異なるのかを探索的に調査し，4歳児に特徴的な相互作用，5歳児に特徴的な相互作用の印象から，幼児の年齢的発達に伴う相互作用の変化についての仮説を生成するという目的があったためである。

　第2段階の観察（2013年度4月〜3月）では，長期休暇期間を除いて，週に1回（計34回），午前と午後の自由遊び時間を中心に行った。ただし，第1段階の観察同様，園生活全体の流れを捉えるために，1回につき登園時から降園時（午前9時〜午後2時）までの約5時間の観察を行った。週に2回の観察のうち，1回は4-A組，もう1回は4-B組を優先的に観察したが，優先的に観察するクラスが園外活動や一斉活動を行っていて，自由遊び時間での製作が見られない場合は，もう一方のクラスを観察することもあった。第2段階で4歳児2クラスを観察したのは，同じ幼稚園の同学年の2クラスを観察することで，保育者の環境設定や援助の違いにより幼児間の相互作用にどのような違いが見られるのかを検討することを目的の一つにしていたためであるが，最終的に，このような視点での研究は行わなかった。また，4歳児クラスに焦点を絞った理由は，第1段階の観察において，5歳児クラスでは，言葉を使った製作目的の交渉が頻繁に見られたのに対し，4歳児クラスではモノを見たり見せたり，一緒に遊びたい相手への隣に移動したりというように，非言語的にかかわりを持っているという印象を抱いたため，非言語的位相での相互作用を分析するには，4歳児が妥当であると判断したこと，そして，第1章第2節で述べたように，自己抑制能力や「心の理論」などの発達に支えられ，モノに付与したイメージを他者と共有し，遊ぶことを目的に他

表 2-2　本研究における研究 1 ～ 5 の観察期間と研究協力者

章（研究）	観察期間*1	観察回数（観察時間）	観察クラス	幼児数	保育者（性別；経験年数）
第 3 章（研究 1 ）	①2012年度 5 月～11月	27回（約120時間）	4 歳児A組	男児15名；女児15名	のり子先生（女性；9 年）
第 4 章（研究 2 ）	①2012年度 5 月～11月	27回（約120時間）	4 歳児B組 5 歳児B組	男児14名；女児16名 男児12名；女児14名	みお子先生（女性；4 年） しほ先生（女性；4 年）
第 5 章，第 6 章（研究 3 ，研究 4 ）	②2013年度 4 月～ 3 月	34回（約135時間）	4 歳児E組 4 歳児F組	男児15名；女児13名 男児14名；女児14名	もも子先生（女性；2 年） えみ先生（女性；5 年）
第 7 章（研究 5 ）	②2013年度 4 月～ 3 月	34回（約135時間）	4 歳児E組 4 歳児F組	男児15名；女児13名 男児14名；女児14名	もも子先生（女性；2 年） えみ先生（女性；5 年）

*1 ①は第 1 段階の観察，②は第 2 段階の観察であることを示す

児と協働で製作することが予想されたためである。

　ここで，第 3 章（研究 1 ）から第 7 章（研究 6 ）の各研究の分析対象事例の期間および研究協力者を表 2-2 に示す。

　表 2-2 に示すように，研究 1 と研究 2 では，第 1 段階の観察で収集したデータの中から，異なるクラスの事例を分析対象としている。研究 3 ～ 5 では，第 2 段階の観察で収集したデータを用いた。

　製作場面は，自由遊び時間に，保育室内に設定された製作コーナーで，幼児が自発的に製作を始めた場面とした。製作コーナーでは，撥水性のテーブルクロスが広げられたテーブルの上に，色画用紙の紙片や毛糸，小枝などの各種素材やセロハンテープカッター，はさみといった工具が置かれていた。例として，2012年度の 5 歳児クラスの保育室に設定されていた製作コーナーの図を図 2-1 に示す。

　図 2-1 に見られるように，テーブルの周辺に，空き箱やトイレットペーパ

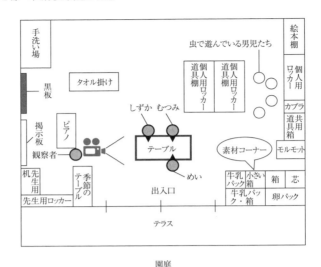

図 2-1　製作コーナーの設置例

一・ラップの芯，卵パックなどの廃材が置かれた素材コーナーが設けられており，幼児が自由に取って使えるようになっている。同様に，ペン，はさみ，セロハンテープといった工具もクラスの共用道具棚に置かれ，幼児が自由に使えるようになっている。例として，2012年度の5歳児クラスの保育室における素材コーナーと共用道具棚の画像および共用道具棚の一部を拡大した画像をそれぞれ図 2-2，図 2-3，図 2-4 に示す。

　図 2-2 に見られるように，素材コーナーでは，廃材が種類別に分けられて段ボール箱に入っており，箱には図とともに（上列左から時計回りに）「しん」「はこ」「ちいさいはこ」「ぎゅうにゅうぱっく」「ぎゅうにゅうぱっく・はこ」「たまごぱっく」と素材の種類が記されている。共用道具棚には，図 2-3 に見られるように，はさみやセロハンテープカッター，ガムテープ，画用紙の紙片といったものが置かれており，図 2-4 のように，枠ごとに何を置くべき場所なのかが幼児にわかるように，図と平仮名により示されている。これは幼児が何かをつくりたいと思ったときに，必要な道具や素材がどこに

第 2 章 方 法　79

図 2-2　素材コーナーの例

あるかがわかるようにという配慮であり，同時に，つくった後，迷うことなく片付けるための各クラスに共通した配慮である。

　自由遊び時間の環境の設定については，各学年で，年齢に合わせて，幼児が慣れた後は，必要なときに自分で道具を出して使えるように環境設定をすることが基本になっていた。全体主任の保育者によれば，環境設定は担任保

図 2-3　共用道具棚の例

図 2-4　共用道具棚の一部拡大図

育者に任せている部分が大きく,日によって異なるとのことであった。また,その都度,盛り上がっている遊びに使えるような素材や,幼児にとって新しい素材はあらかじめ机に準備することもあるとのことであった。

　研究協力園の造形表現に関しての保育方針については,「表現することを楽しめる心」を保育内容の1つに掲げ,豊かな感性を養う中で,興味や感動を表現することを大切にしている。特に,「動いている心を造形表現に結びつける」ことを教育目標の1つとし,幼児が何かに興味を惹き付けられたり感動を感じたりしている瞬間を見計らって,保育者がその題材に合った紙や素材をすっと差し出したりすることによって,幼児の表現する気持ちの高まりを捉えることを大切にしている。保育者は,毎週1度の職員会議の中で,幼児の造形表現作品を持ち寄り,援助のあり方について協議しているほか,定期的に造形表現に関する研修に参加し,幼児の造形表現についての実践的な見識を深めている。

3．観察の仕方と観察記録の作成

　本研究では,フィールドワークを行い,自由遊び時間に製作コーナーで幼児が自発的に製作を始め,他児とともに製作を行っている場面を,ワイヤレスマイクロフォン（SONY／ECM-AW3）をつけたビデオで撮影し,同時に幼児の声が聞き取れるだけの距離を置き,幼児の会話や表情,動作,その場の雰囲気なども含めてメモした。観察中は,他者との日常的な関係の中で過ごす幼児たちの姿を捉えたいと考え,自然観察法を採用した。具体的には,通常の保育の邪魔にならないよう心がけ,幼児から話しかけられたり,幼児の安全上かかわりが必要であったりするような場合は,かかわりを持ったが,それ以外では観察者の方から積極的に幼児にかかわることはなかった。なお,製作コーナーで幼児同士のかかわりが始まった際は,筆者はその場でなるべく気配を消し,幼児同士のかかわりを妨げたりせずに観察するよう努めた。

　観察終了後は,筆記記録とビデオ記録から,フィールドノーツを作成した。

幼児同士で言語的なやりとりが見られなくとも，同じ時間・同じ空間で製作している場合は，フィールドノーツに起こした。また，1ヶ月に1度，事例が観察された幼児の仲間関係や日ごろの様子などを中心に，担任保育者にインフォーマルなインタビューを行い，記録として分析資料の一部にした。

1事例の単位は，複数の幼児のうち，誰か1名でも幼児が製作を始めた時点（e.g. 素材を手に取る，製作目的を言語化する）を"事例の開始"，複数の幼児のうち，全員が製作をやめた時点（e.g. 製作物をロッカーにしまう，片付けを始める）を"事例の終了"とした。

4．倫理的配慮

観察に際して，研究協力園の園長，主任，研究協力クラスの担任保育者，幼児の保護者に対し，研究の目的や調査内容と方法，個人情報の保護に関して書面を用いて説明した。合わせて，調査への協力はいつでも中止できること，それによる不利益は一切生じないことを説明した。その上で，調査およびデータ公開への同意を得た。また，本研究に出てくる名前はすべて仮名とした。以上の実施により，倫理的側面に配慮した。

第Ⅱ部　製作における幼児間の相互作用の諸位相
――視覚・身体・言語――

第3章　言語的位相での協働製作の成立過程

　本章では，次章以降の分析に先立ち，幼児間の言語的位相・視覚的位相・身体的位相での相互作用がどのように立ち現れ，言語による協働製作が成り立つのかを検討する。そして，これらの諸位相での相互作用が，幼児期の協働製作において意味するところを，「媒介」概念と「共同注意」の理論を手がかりに，素材・道具・製作物といった人工物が，どのように他者との協働やコミュニケーションを媒介しているか，そして，他者との協働やコミュニケーションがどのようにこれらの人工物の使用を制御しているかについて考察する。

第1節　本章の目的

　本章では，同一幼児が他児の製作物に触れ，言葉を交わしながら協働で製作を行うようになる過程を時系列に従って検討する。そのために，本研究では，幼児がモノを「何か」に見立て，その「何か」を他児に伝える発話をモチーフ発話と定義し，幼児間でモチーフを伝え共有する過程を検討する。モチーフを他者に伝えることは，自分独自のモノの「見立て」「見え」を他者と共有するという点において，自分がつくろうとする対象に関する意図を知らせ，モノの社会的意味を構成する行為である。そのモチーフを他児に伝え共有することで，幼児間で意図が共有され，協働へとつながると考えられる。そこで，幼児が他児にモチーフ発話を行うまでのプロセスを検討し，幼児が他児と協働の関係をとり結び，言葉を交わしながら他児とともに製作を行うようになるまでのプロセスを明らかにすることを研究目的とする。

　分析の視点として，身体的位相，視覚的位相，言語的位相での相互作用を，

以下の視点から分析する。身体的位相の分析では，幼児の身体の「位置取り」や「向き」といった身体配置，および「見せる」という身体動作の相手として「見せる」行為の宛先に着目する。次に，視覚的位相での相互作用を分析するために，他児の製作物への注視に着目する。そして，言語的位相を分析するために，前述したように，幼児がモノを見立てている対象であるモチーフに関する発話を，他児に向けて行っているか，その発話に対する相手からの応答があるかどうかに着目する。

第2節　方法

研究協力者，観察の場面・期間，観察記録の作成等は，第2章第2節で述べた通りである。本章での分析の手続きは，以下のように行った。

1．抽出児の選定

同じ時間・空間で複数の幼児が行う製作の事例を，モチーフ発話の共有により分類した。モチーフ発話の共有は，幼児が他児に向けて何をつくっているかを伝え，それに対する他児の応答が見られた場合と定義した（モチーフ発話共有の定義の詳細は第1章第4節を参照；p.51）。1事例の単位は，複数の幼児のうち，誰か1名でも幼児が製作を始めた時点（e.g. 素材を手に取る，製作の目的を言語化する）を"事例の開始"，複数の幼児のうち，全員が製作をやめた時点（e.g. 製作物をロッカーにしまう，片付けを始める）を"事例の終了"とした。同じ日の同じ時間帯であっても，幼児が製作をやめた時点で，"事例の終了"とし，別の事例とした。第1段階の観察で収集された全29事例をモチーフ発話の非共有／共有により分類した結果を表3-1に示す。なお，モチーフ発話の共有の定義に基づき，筆者ともう1名が独立に事例を分類した結果，一致率は100％であった。

表3-1より，5歳児クラスの全事例でモチーフ発話が共有されているのに

表3-1 モチーフ発話の非共有／共有により分類した事例数（比率：％）

	モチーフ発話の非共有	モチーフ発話の共有	計
4歳児	6 (50.0)	6 (50.0)	12 (100)
5歳児	0 (0.0)	17 (100)	17 (100)

対し，4歳児クラスの事例の半数が，モチーフ発話が共有されない事例であった。ここで，4歳児クラスで観察された12事例の一覧を表3-2に示す。

表3-2より，4歳児Aクラスで継続的に事例が観察された。その中でもモチーフ発話が共有される事例と共有されない事例があるが，参加する幼児が異なるため，時系列に沿った過程を検討できない。そこで，時間の経過に伴い，同一児の相互作用がどのように変化するのかを検討するため，Aクラスの事例8事例中6事例に登場し，幼児間でモチーフ発話が共有されない事例

表3-2 4歳児クラスで観察された12事例の一覧

観察日	組	幼児の名前（仮名）	モチーフ発話
5/30	B	ゆうま，しょうた	モチーフ発話無し
5/30	B	みゆき，ふみ	幼児間で共有
6/11	A	**きいち**，みき	保育者へのモチーフ発話有り
6/12	A	まゆこ，はるか，みき	幼児間で共有
9/4	A	**きいち**，よういち	保育者へのモチーフ発話有り
9/20	A	よういち，けいご，りょう，みく	保育者へのモチーフ発話有り
9/27	C	しんさく，たける	幼児間で共有
10/4	A	**きいち**，よういち	保育者へのモチーフ発話有り
10/4	A	**きいち**，てるや，しょうご	不特定の相手へのモチーフ発話有り
10/11	D	ふうた，りょう，ひろき，しおり	幼児間で共有
10/25	A	**きいち**，かいじ，おさむ	幼児間で共有
11/8	A	**きいち**，じろう，いくや，おさむ	幼児間で共有

注：本研究における幼児の名前はすべて仮名である。

（4事例）とモチーフ発話が共有される事例（2事例）の両方に登場するきいちを抽出児として選定した。

抽出児きいちは，観察開始時4歳9ヶ月で，3年保育の2年目であったが，研究協力園では毎年クラス替えを行うため，きいちにとっては初めての進級であり，新たな担任保育者と同級生のもとで仲間関係を一から築く必要があった。なお，きいちは，3歳時に言語面での遅れが見られたが，それ以降，特に発達上の遅れは見られていない。担任保育者は，きいちが若干「幼い」という印象を語った上で，4歳児クラスの1年間で，きいちなりの葛藤や試行錯誤を経て，他児との関係をとり結ぶようになっており，それは同クラスの他の幼児たちの姿とも合致すると述べている。そこで，幼児がモチーフ発話を共有する過程を，きいちを抽出児とし，きいちが登場する事例間の差異を通して検討することとした。

2．分析資料の作成

先述したように，本章では，1）身体配置（位置取り・向き），2）身体動作（「見せる」行為），3）注視（他児の製作物を「注視」する行為），4）モチーフ発話の共有を分析視点とする。分析にあたっては，エピソード記述とともに，事例のある時点での幼児の位置を右記○のように図示し，幼児の体を○で，幼児の体および顔の向きを▲で示す。そして，これらを身体配置図に示した番号を文章中の括弧内に記述する。また，上記の分析視点に基づき，幼児の「製作物を見せる行動」（⋯▶），「他児の製作物を注視する行動」（⇒）「モチーフを伝える発話」（→）と，それらの宛先を視覚的に記述し，製作物も文章内に図示した。造形表現においては，視覚的な情報が重要な意味をもつと考えられるためである。なお，エピソード記述については，きいちの行動のうち，他児との相互作用に関して顕著な行動があった部分を抜き出すかたちで要約して記述する。身体配置図や行動・発話を図示する時点も同様である。また，本文中で引用する部分には波線（番号）を付す。

第3節　幼児間でのモチーフの共有過程の分析

1．モチーフ発話が共有されない事例（6事例中4事例）

　まず，きいちが他児の近くで製作はするが，言葉は交わさず，モチーフ発話が共有されない4事例について記述し，いわゆる並行遊びのような状態で，身体的位相や視覚的位相においてどのような相互作用がなされているのかを分析する。

　以下，事例1の分析資料を示す。

事例1　きいちとみきのそれぞれの製作　6月11日

　きいちは素材コーナーから牛乳パック2本を持ってきてつなげ，その周りに大小様々の空き箱をセロハンテープで貼り合わせている（　　）。きいちと向かい合う位置に立っているみきは，化粧品の空き箱にピンク色の油性ペンで絵を描いている。きいちとみきは製作テーブルの両側に立ち，向かい合って製作をしているが，2人とも互いの製作物を見ず，自分の製作物だけを見て製作している（①）。たまに物音がすると，そちらを見たりしているが，その後すぐに自分の製作物へと視線を戻している。きいちは，セロハンテープを使って，牛乳パックの周りに空き箱を貼りあわせた後，「ドゥー！ダッダー！」と大声で歌をうたい，牛乳パックの筒の中に腕を入れて，観察者の方にやってくる。そして，「これ，○×」(注)と言って，観察者に製作物（　　）を見せる（②）。観察者が「すごーい」と言うと，にこっと笑って牛乳パックの周りに空き箱を何個も貼り付けた製作物を腕にはめたまま保育室の外へと出て行く。

注：○×は観察者が聞き取り不能だった発話である。仮面ライダーの装備の名前と思われる。

90　第Ⅱ部　製作における幼児間の相互作用の諸位相

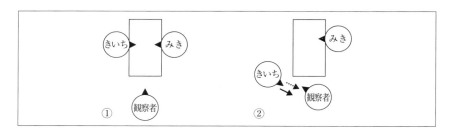

《事例1の考察》

　事例1では，きいちとみきは，それぞれ，仮面ライダーの装備をつくること，化粧品の空き箱に絵を描くことに没頭している。身体配置図①に見られるように，2人は製作テーブルの両側で向かい合う位置に立っている。自分の製作物の近くに相手の製作物があるものの，互いの製作物を注視することはない。きいちは製作物ができあがると，腕にはめ，観察者の方に来て，製作物を見せモチーフを伝える。この場合，身体配置図②でわかるように，近くに他児がいても，製作物を見せ，モチーフを伝える相手は観察者である。

　事例1では，幼児間では共同注意が生じるような状況は見られず，幼児は保育者（観察者）に対し，自分の製作物を見せ，共同注意を請求することで，自分の製作物を認めてほしいという気持ちを表していたと言える。

事例2　きいちとよういちのそれぞれの製作（1）　9月4日
よういちが製作テーブルのわきに立ち，気泡入り緩衝材を折り曲げて袋状にして，セロハンテープを貼り付けている。きいちはよういちの周りをぶらぶら歩いた後，素材コーナーから牛乳パックを2個持ってきて，製作テーブルの端っこに置く（①）。しかし，すぐに，よういちの方をじっと見て，牛乳パック2個を手に持って，よういちの後ろをうろうろし，よういちの隣に牛乳パックを置き，そこで製作を始める。きいちは牛乳パックにセロハンテープを貼りながら，よういちが気泡入り緩衝材にペットボトルのふたをセロハンテープで貼る（▨）のをじっと見る。よういちも，牛乳パックをつなげたきいちの製作物（▭）をじっと見る（②）。セロハンテープを貼り終わると，きいちは製作物の牛乳パックの中に腕を突

っ込み，牛乳パックの上に貼り合わせたトイレットペーパーの芯の穴から遠くを見て，銃を撃つようなふりをする。そして，そのまま，保育室の中をしばらくうろうろした後，観察者の近くに来て，「○×，バキューン」と言って製作物を見せ，撃つふりをする。それをよういちがじっと見る（③）。

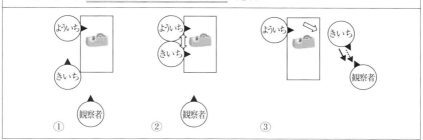

《事例2の考察》

　事例2は，夏休み明けの9月初旬に観察された事例である。事例2でも，きいちは他児に対しモチーフを伝えることはないが，事例1では見られなかった，お互いの製作物を注視するという行動が観察された。事例2でも，事例1同様，きいちと他児は別々のモノをつくっており，互いに言葉を交わしてはいない。そして，身体配置図③に見られるように，きいちは，モチーフ発話や製作物を「見せる」行動を，観察者のところまで移動してきて行っている。しかし，身体配置図②に見られるように，きいちは素材を取って来た後，よういちのすぐ隣に移動する。事例1と異なり，きいちとよういちは隣に位置取ることによって相手の製作物が視野に入ったためか，互いに相手の製作物を注視する。身体配置図③に見られるように，きいちが観察者のところに来て，製作物を見せ，銃のような製作物を使って撃つふりをするときも，よういちはきいちの製作物ときいちが撃つふりをするのを注視している。事例1では見られなかった，互いの製作物や製作物を使った動作への注目が，事例2では見られたと言える。

　身体の接近により，2名の幼児の視野が重なり，同じモノを注視するとい

う状況が生まれたことが，相手が何を作ろうとしているのか，製作物を使って何をしようとしているのかという意図や目標への関心につながったと考えられる。

事例3　きいちとよういちのそれぞれの製作（2）　10月4日

　製作テーブルの真ん中の椅子によういちが座って，ティッシュの箱に紙切れを貼り付けている。きいちは，ペットボトルのふたを素材コーナーから取ってきて，輪っか状にした厚紙につけて指にはめ（🔘），よういちの横に立つ。保育者がきいちの前に来て「じゃーん，このキラキラの紙も」と言って，きいちの前にある素材箱に光沢質の色画用紙を入れる。きいちは，保育者に向かって，<u>指にはめた製作物（🔘）を見せて「ウィザード！（注）」と叫ぶ</u>（①）。そして，よういちの隣の椅子に座り，観察者に向かって<u>「ウィザード！赤くするの」と言いながら，手に持った製作物を高く掲げて見せる</u>（①）。きいちはペットボトルのふたの表面を赤く塗ると，<u>観察者の方に来て製作物（🔘）を見せる</u>（②）。観察者が「いいね」と言うと，<u>指にはめてポーズをとる</u>。よういちは，ティッシュの空き箱に，セロハンテープの芯を半分に切った半円形のものを2個つけている（📦）。先生が別の女児きょうこの製作物を見て（1）<u>「わー，すごーい。きょうちゃん，これ自分で切ったの？おもしろーい」</u>と大きい声で言うと，きいちも先生の方に行き，<u>ペットボトルのふたでつくった指輪のような製作物を見せに行く</u>（③）。先生がきいちの手をつかみ，まじまじと製作物を見て「かっこいいじゃん。自分でつくったの？」と言うと，きいちはうなずく。きいちは，仮面ライダーの歌をうたいながら，よういちの近くをうろうろと歩くが，よういちの製作物は全く見ない。

注：事例観察時にテレビで放映されていた「仮面ライダーウィザード」という戦闘ヒーローの名前。仮面ライダーウィザードは，「ウィザードリング」という名の指輪を使って変身する。

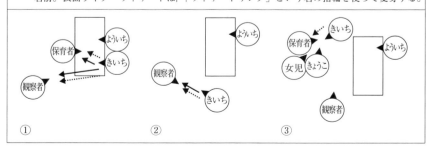

《事例3の考察》

　事例3は，事例2が観察された日の1ヶ月後，同じくきいちとよういちが同じ時間・同じ空間で製作を行う事例である。事例3では，身体配置図①に見られるように，きいちとよういちは隣で製作を行うものの，互いの製作物を注視することはない。身体配置図①②に見られるように，事例1・事例2同様，近くに他児がいるにもかかわらず，きいちはモチーフを伝える発話や，製作物を「見せる」行動を保育者に対して行っている。波線部（1）での，保育者がきょうこの製作物を「すごーい」とほめる発話を聞いて，きいちが自分の製作物を保育者に見せに行く場面には，自分の製作物を保育者に認めてもらいたいという思いが強く表れていると言える。このように，保育者が幼児たちの製作物を認める言葉かけを日常的に行っていることが，製作物を人に見てもらいたいという気持ちを生んでいると推察できる。

　事例3では，抽出児きいちは，他児の隣に位置取るものの，向かい側にいる保育者に対し，自分の製作物を見てほしい，認めてほしいという気持ちを向けているため，他児の製作物を注視することはない。このように，事例2と事例3では，同じように幼児と幼児が隣に位置取っているが，保育者の位置取りによって，幼児が注意を向ける相手は異なっている。人的環境としての保育者の役割が表れている事例であると言える。

事例4　仮面ライダーごっこをするために　10月4日

　しょうごがペットボトルのふたに光沢質の色画用紙を貼り付けている。てるやも道具棚の前に座り込み，ペットボトルのふたに油性マジックで色を塗っている。そこに，きいちが素材コーナーから空き箱を3つ持ってやって来て，しょうごの横に立つ。そして，空き箱を縦に並べ，セロハンテープで貼ってつなげる（　　　）。それから，きいちは，指にはめてある，午前中にペットボトルのふたでつくった指輪状の製作物（　　　）をさわり，しょうごの製作物（　　　）をのぞきこんで（①）から，製作テーブルの周りをうろうろする。そして，製作テーブルで絵を描き始めたかなの顔に，指にはめた製作物（　　　）を近づけて見せ

るが，かなはきいちの方を見ない（②）。てるやはペットボトルのふたに色を塗ったものをセロハンテープで腕に貼り付けている。きいちはしょうごの隣に戻り，また空き箱にセロハンテープを貼り付ける。そして，観察者に3個の空き箱をつなぎ合わせた製作物（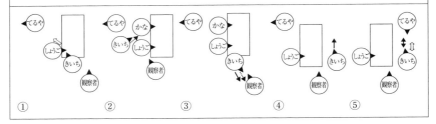）を見せて，「仮面ライダーウィザード」と言う（③）。そして，製作物をもって保育室の中を歩き，大きな声で「仮面ライダーウィザード！」と言って，ポーズをとると（④），製作をしていたてるやも急に立ち上がり，きいちのそばに走って行き，ペットボトルのふたをセロハンテープで指に貼り付けたところをきいちに見せるようにポーズをとる（⑤）。その後，てるやは製作テーブルの方に走って戻り，製作を再開する。

《事例4の考察》

　事例4は，事例3と同じ日の午後に観察された。事例4では，製作物を人に「見せる」行動が，保育者や観察者ではなく初めて他児に向けられた。事例4のきいちは，身体配置図③に見られるように，これまでの事例と同様，モチーフを伝える発話や製作物を「見せる」行動を観察者に向けて行っている一方で，身体配置図②では，かなの横に移動して，かなの顔の前に製作物を差し出して見せている。この場面では，担任保育者が近くにいないこともあるが，これまでの事例で保育者や観察者などの大人のみに向けられていた，製作物を見てもらいたいという思いが，他児にも向けられていたと言える。そして，身体配置図④に見られるように，きいちが製作物を持って保育室をうろうろと歩き回り，「仮面ライダーウィザード」と叫ぶ場面からは，一人の幼児に直接向けられたものではないものの，観察者の方ではなく他児のいる方に体を向けて叫んでいることから，これまで大人のみに向けられていた

製作物やそれを使用する動作を「見せる」行動が，他児にも向けられたことがうかがえる。そして，身体配置図⑤では，きいちの発話のすぐ後に，てるやがすぐにきいちと向かい合う位置に来てポーズをとることから，製作物を用いて仮面ライダーごっこをするという遊びが行われたと言える。

　以上より，事例４では，抽出児が共同注意を請求する行為が見られたのは，観察期間中，初めてであった。ただし，見せられた側の他児は抽出児の製作物を見ていないため，共同注意は成立していない。抽出児が「仮面ライダーウィザード」と叫ぶ場面は，抽出児が製作物を媒介に，「仮面ライダーウィザード」という想像上の意味世界を構築し，その世界に生きていることを示している。その言葉を聞いた他児が，抽出児の前に行き，同じポーズを取ることで，抽出児とその他児は動作により共鳴し，言葉は交わさなくとも，同じ想像上の意味世界を生きていることを了解しあっているものと考えられる。同じゴールに向かっているということが，このような動作的な共鳴により，幼児間で了解されていると考えられる。

２．モチーフ発話が共有される事例（６事例中２事例）

　次に，モチーフ発話が他児に向かって伝えられ，幼児間でモチーフが共有されたとみなすことのできる事例を取り上げる。

事例５　「おれ，魔法使いつくってるんだ」　10月25日
保育室の真ん中にステージと観客席がつくられ，幼児たちと先生が，数日前の遠足で見た水族館のショーを再現して遊んでいる。その横に製作テーブルがあり，きいちが空き箱２個を素材コーナーから取ってきて，それらをセロハンテープで貼ってつなぎ合わせている。そこに，かいじが来て，きいちが使っていたセロハンテープカッターを隣の製作テーブルに持っていく。そして，レトルトスープの空き箱２個をつなぎあわせるため，セロハンテープカッターからセロハンテープを引っ張り出す。きいちはその様子をじっと見ている（①）。きいちは隣の製作テーブルに移動し，別のセロハンテープカッターからセロハンテープを引っ張り出す。そのとき，

96　第Ⅱ部　製作における幼児間の相互作用の諸位相

保育室の中央で行われている水族館ショーごっこが盛り上がり，観客役の幼児たちが一斉に「けんた・けんた・けんた！」とある男児の名前を連呼する。すると，きいちと向かい合う位置に立っていたかいじとおさむが顔を見合わせて笑い，「うるせー！うるせー！うるせー！」と叫ぶ。<u>きいちは，かいじとおさむの方を見る（②）</u>。そして，引っ張り出していたセロハンテープを空き箱に貼らず，製作テーブルにくっつけて捨てた後，<u>空き箱2個を持って移動し，かいじとおさむの間に入る（③）</u>。きいちは手に持った空き箱をじっと見た後，<u>かいじに向かって（2）「おれ，魔法使いつくってるんだ（注）」と言う。それを聞いたかいじが，きいちが手に持っている空き箱をちらっと見て（③）</u>，またトイレットペーパーの芯を縦に3個つなげた製作物にセロハンテープを貼るという自分の作業に戻る。きいちは空き箱と空き箱のつなぎ目部分をセロハンテープで貼り合わせることを繰り返す。その間に，<u>隣で厚紙の紙片を貼り合わせているおさむの製作物（</u>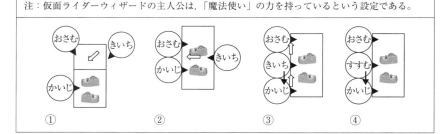<u>）をちらっと見る（③）</u>。そのうち，きいちは仮面ライダーの歌を歌いだす。すると，隣にいたおさむもかいじも一緒に歌いだす。しかし，すすむがきいちとかいじの間に割って入ってくると（④），きいちは空き箱を貼りあわせた製作物（　　）を持って後ろを向き，水族館ショーごっこをしている人たちの方に歩き出す。
注：仮面ライダーウィザードの主人公は，「魔法使い」の力を持っているという設定である。

《事例5の考察》

事例5は，10月25日に観察され，きいちが特定の他児に向かって，直接モチーフを伝える発話が見られた事例である。身体配置図②に見られるように，きいちは自分の向かい側に並んで立っているおさむとかいじを注視した後に，素材を持って移動し，身体配置図③に見られるように，彼らの間に入り込み，彼らの隣に位置取っている。ここでは，自分の位置取りを変えることで，おさむとかいじの仲間に入ろうとするきいちの意図が明らかに見られる。そし

て，きいちは自分の製作物が何をモチーフにしているかを，隣にいるかいじに向けて伝えている（波線部（2））。ここでは，自分が何をつくっているのかを知ってもらいたいという思いが特定の他児に向けられている。きいちがモチーフを伝える発話を聞いたかいじは，言語的には応答をしていないものの，きいちの製作物を注視している。また，その後，きいちは隣にいるおさむの製作物を注視し，他児の製作に注意を向けている。さらに，きいちが歌いだした仮面ライダーの歌をかいじやおさむが一緒に歌う場面では，きいちがモチーフとしている仮面ライダーの歌を一緒に歌うことで，仲間としての一体感や，一緒に製作しているというゆるやかな仲間意識をもっていると考えられる。

　事例5に見られる仲間と遊びたいという抽出児の思いは，きいちが所属するクラス全体の仲間意識の盛り上がりとも軌を一にしている。研究協力園では10月6日に運動会が行われた。担任保育者によると，幼児たちがクラスやチームというまとまりの中で運動会に取り組んだことで，運動会から12月にかけて，クラスへの帰属感が高まり，友だちと交わり合うことを楽しむ幼児たちの姿が見られたと言う。運動会を経て，友だちと一緒に何かをすることの楽しさを知った抽出児が，製作においても他児と一緒に行うことを意図して，他児の隣り合う位置に移動し，何をつくっているかを伝え，他児の注意を，自分の製作物や製作の対象でもありゴールでもある「魔法使い」というモチーフに向けている。事例4では，間接的に他児にモチーフを伝え動作により共鳴していた抽出児が，事例5では，他児に直接言葉によって伝えることで，言葉で自分の目指す想像上の意味世界へと誘っているものと考えられる。

事例6　「剣」を使った仮面ライダーごっこ　11月8日

　きいちが保育室の中をぶらぶらと歩いていると，2本のトイレットペーパーの芯の間をビニールテープでつないだヌンチャクのような製作物（　　　）をも

ったけんごが先生に製作物をぶつけ，「見て」と言う。それを見たきいちがけんごに近づき，ポーズをとって「ウィザード○×（注）」と言う。けんごはヌンチャクのような製作物をきいちの顔に近づけ，2人で笑いあう。それを製作テーブルで製作しているいくややじろうも見ている。その後，きいちは素材コーナーに行き，牛乳パック2本を取って，製作テーブルの上に置く。そして，自分の向かい側に立ってすでに製作を行っているじろうといくやの製作をじっと見る（①）。いくやとじろうはペットボトルのふたに，細長く切った厚紙を輪状にしたものを貼っている（🥣）。きいちは，いくやに向かって（3）「そして，色を塗るだけ，いくや」と言う。その後，きいちは牛乳パックの口をとじてセロハンテープで止めようとする。そこに，芯や厚紙の紙片をつなぎ合わせたベルトのような製作物（🛸）を，腰の回りにつけようとしているおさむが近づいてくる。きいちはおさむとおさむの製作物を見て，「とめればいいじゃん」と言う。そして，いくやがきいちに（4）「ほら，見て」と言いながら，製作物（🥣）を指につけて見せると，きいちはいくやの製作物（🥣）を見ながら「ウィザードは○×」と言う（②）。それから，きいちは，牛乳パックに紙コップ1個を貼りあわせようとしていたが，製作テーブルの向かい側にいるじろうがトイレットペーパーの芯を2本つなげようとする（📐）のを見て，(5)紙コップをもう1個取り，紙コップの底と底を貼り合わせ（🥛），じろうと同じように縦につなぎ合わせようとする（③）。しばらくすると，じろうが素材コーナーからラップの芯を取ってきて，きいち，かいじ，いくやに「かたい芯いる人」ときく。きいち，かいじ，いくやが手を挙げ，3人はじゃんけんをする。きいちが勝ったため，じろうがラップの芯をきいちに渡すと，きいちは「やった」と言い喜ぶ。その後，(6)じろうが，様々な芯をつなげて銃のようにした製作物（🔫）でバンバンバンと撃つふりをすると，きいちがじろうにもらったラップの芯を製作物（🔫）の中の牛乳パックの穴からさっと引き出し，「ここから剣！」と言い，剣を振り回す（④）。
注：仮面ライダーの装備の一種だと思われる。

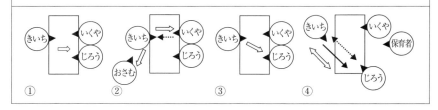

《事例6の考察》

　事例6は，モチーフの伝達を他児に向けて行うとともに，「つくったモノを使った遊び」も他児と一緒に行っている事例である。事例6では，きいちが製作を始める前に，けんごと仮面ライダーの動作を行い，それを製作テーブルにいるじろうやいくやも見ている。その時点で，製作に先駆けて，仮面ライダーごっこをするという「つくったモノを使った遊び」が製作目的として認識されていたと考えられる。そして，身体配置図①に見られるように，きいちは製作テーブルに素材を持ってきた際，同じ製作テーブルにいる他児の製作物を見て，何をつくっているか，それがどういう工程にあるかを理解し，「色を塗るだけ，いくや」(波線部(3))と言っている。これまでの事例では，他児の製作物を見ることはあっても，他児が行っている製作の情報を読み取っていることまでは明らかではなかったが，相手に製作方法を指示する発話から，きいちが，相手が今何をつくり，どういう段階なのかという情報を読み取っていることがうかがえる。身体配置図②に見られるように，このきいちの発話に対して，製作方法の指示を受けた相手のいくやも，波線部(4)できいちに対して「見て」という発話を行い，製作物を見せている。ここでは，幼児同士で，仮面ライダーごっこをするという共通のゴールに向かっていることを了解しているために，相手の注意の向け先がどこにあるのかを知るのが容易になっているものと考えられる。それゆえ，見ること・見せることによって，互いに何をどのようにつくっているかを伝えたり教えたりして，協働で製作をしていると考えられる。

　また，波線部(5)では，きいちがじろうの製作物を見ることで，やろうとしていた製作方法を変更している。この場面では，他児が製作に採り入れている製作方法を，相手の製作物を見ることで認識し，無言で自分の製作物にも採り入れていると考えられる。ここでは，共通のゴールである仮面ライダーごっこの道具づくりに一緒に注意を向けているが，同時に，一人ひとりがそれぞれに固有の視点を備えているために，自分と相手の視点の違いに気

づき，相手の製作方法を模倣し，自分の製作方法に採り入れていると考えられる。

そして，身体配置図④に見られるように，波線部（6）では，遊び相手が製作物を使ってバンバンと撃つふりをし，それに対してきいちが「剣」というモチーフを伝えて自分の製作物を見せて応じている。この場面では，製作そのものを一緒に行うだけでなく，「つくったモノを使用した遊び」を一緒に行うところまで展開が見られた。この場面では，自分も相手も「剣」や「鉄砲」などの製作物を持ち，それを見せ合って，戦っている動作をすることが，仮面ライダーごっこという想像上の意味世界に生きていることの表示となっている。このように，幼児は，製作物を媒介に，想像上の意味世界を構築している。

第4節　考察

本章では，幼児が他児と言葉を交わしながら他児と協働で製作を行うようになるまでの過程を明らかにするために，同一児が他児とモチーフ発話を共有しない4事例と，モチーフ発話を共有する2事例における相互作用の差異を分析した。その結果，6事例を通して，他児の行為や製作物を注視しない段階から，他児の製作物に注視を向け，相手も自分の製作物に注視を向けるという視線の交差が見られる段階，自分のモチーフを間接的に不特定の他児に向かって伝え「つくったモノを使用した遊び」を他児とともに行う段階，自分のモチーフを直接的に特定の他児に向けて伝え，一緒に歌をうたうことで一緒に遊んでいるという意識をもっていると考えられる段階を経て，他児と言葉を交わしながら具体的に製作を一緒に行い，「つくったモノを使用した遊び」にまで展開する段階が見られた。

6事例における，幼児同士の相互作用の差異を表3-3に示す。ここでは，「モチーフが共有されない」事例（4事例）と「モチーフが共有される」事例

第 3 章　言語的位相での協働製作の成立過程　101

表 3-3　きいちの 6 事例における相互作用

	他児との位置関係	他児の製作物の注視	「見せる」宛先	モチーフ発話の宛先
事例 1（観察時 4 歳 8 ヶ月）	向かい	見ない	大人	大人
事例 2（観察時 4 歳 11 ヶ月）	隣	見る	大人	大人
事例 3（観察時 5 歳 0 ヶ月）	隣	見ない	大人	大人
事例 4（観察時 5 歳 0 ヶ月）	隣	見る	他児	大人・他児（間接的）
事例 5（観察時 5 歳 1 ヶ月）	斜向かい→向かい→隣	見る	なし	他児
事例 6（観察時 5 歳 1 ヶ月）	向かい	見る（→アイデア採用）	他児	他児

（2 事例）における，他児との位置関係，他児の製作物を注視するか否か，製作物を「見せる」宛先，モチーフを伝える発話の宛先の各分析視点について示す。

　表 3-3 より，本章で分析したきいちの 6 事例においては，以下 1）〜4）の順序で幼児間の相互作用に差異が見られた。これらの相互作用が，幼児期の協働製作において意味するところを，共同注意の理論を手がかりに考察する。

1）身体的位相：他児と隣り合う位置への位置取り

　事例 2 から事例 5 では，幼児が他児と隣り合う位置に移動していた。特に，事例 5 では，斜め向かいから向かい合う位置へと移動し，そこから遊び相手 2 人の間に割って入り隣に位置取ることで仲間に入ろうとする様子が見られた。他児と隣り合う位置にいることで同じ場を共有するだけでなく，製作物や素材というモノが幼児たちの間に中心的に存在する製作の場合，他児と近

い視点に立ち，視野を重ねることが共同注意を成立させる上で重要であると考えられる。ただし，事例6では，隣り合う位置に移動せず，向かい合う位置にいながらも，他児の製作物を注視したり，他児に製作物を「見せ」たりしている。

　このことから，モチーフを言葉で共有していたり，仮面ライダーごっこをするという「つくったモノを使った遊び」が製作目的として共有されている場合は，互いが共通のゴールに向かっていることを了解しているため，必ずしも他児と隣り合う位置に位置取らなくても，相手が何に注意を向けているかを把握しやすいと考えられる。

2）視覚的位相：注視

　事例2と事例4～6では，幼児が他児の製作物を注視する行動が見られた。事例2以降では，抽出児が他児の隣に位置取ることが多く，視野が重なったため，他児の製作物を注視する行動が見られたと考えられる。ただし，事例3では，抽出児は，近くにいる保育者の方に注意を向けていたと考えられるため，他児の製作物を注視する行動は見られなかった。保育者の存在や位置が，環境の一部として，幼児の共同注意行動に影響を与えている可能性がある。モチーフを言葉で共有していた事例5では，相手の製作物を注視した後に，自分の製作している対象を知らせ，他児と同じゴールに向かおうとする抽出児の意図が，「おれ，魔法使いつくってるんだ」というモチーフを伝える発話に表れていたと考えられる。一方，事例6では，製作を始める前に「ウィザード」と言いながら仮面ライダーのポーズを取ることで，それを見ていた他児が仮面ライダーごっこをするという共通のゴールを認識していたと考えられる。そのため，製作をしている段階でも，他児の注意の向け先がどこにあるのかを知るのが容易になっているものと考えられ，抽出児が，他児に製作方法の指示をしたり，その相手が抽出児に製作物を見せたりしている。また，事例6では，抽出児が他児の製作物を注視した後に，自分がやろ

うとしていた製作方法を変更し，他児が製作に採り入れている方法を自分の製作に採り入れている。共通のゴールに向かっていると同時に，一人ひとりがそれぞれに固有の視点を備えているために，自分と相手の視点の違いに気づき，相手の製作方法を模倣し，自分の製作方法に採り入れていると考えられる。

3） 身体的位相：「見せる」行為

　事例4と事例6では，抽出児が自分の製作物を他児に「見せる」行為が見られた。事例4では，見せた相手が気づかず，製作物を見なかったため，共同注意は成立しなかったものの，事例6では，抽出児が完成した製作物を，同じ仮面ライダーごっこをしている相手に見せ，製作物を使って戦っている動作を見せていた。また，抽出児に対しても，他児が完成した製作物を「ほら，見て」と見せていた。仮面ライダーごっこという共通のゴールに向かっている幼児間で，製作物を見せることや，製作物を使っている動作を見せることが，仮面ライダーごっこという想像上の意味世界を生きていることの表示となっていると考えられる。

4） 言語的位相：モチーフの共有

　事例1～4では，抽出児がモチーフを伝える発話が大人のみに向けられていたが，事例5・6では，他児にも向けられるようになっていた。1）～3）の考察を踏まえ，幼児間でモチーフを共有することで，幼児の協働製作における相互作用がどのように質的に変化するのかを考察すると，以下の点があげられる。

　モチーフを言葉で共有していることにより，相手が何をつくろうとしているかという意図を，互いに明確に了解できるようになる。そこで，幼児は身体を接近させ視野を重ねなくとも，互いの注意の向け先を把握しやすくなり，考えでの（表象上の）共同注意が成立する。このように，言葉で共通のゴー

ルを了解し，相手の注意の向け先を容易に把握できるような状態では，相手の製作物を注視することで製作段階を察知し，提案や指示をしたり，自分の製作物を見せたりするという行動が見られる．それと同時に，自他の視点の違いに気づき，相手のアイデアを採り入れるという模倣行動が生じている．さらに，モチーフを共有し，共通のゴールに向かっている幼児間では，製作物を見せることや，製作物を使っている動作を見せることが，仮面ライダーごっこという想像上の意味世界を生きていることの表示となっていると考えられる．以上より，モチーフの共有は，自分が何をつくろうとしているかを他児に伝え，相手の了解を得ることで，相手と共通のゴールを目指すことに誘う相互作用であり，さらに，素材や製作物に対し想像上のイメージや意味を付与し，現実世界の実際的な制約から切り離された想像の世界を構成するという点で，第三次人工物（Wartofsky, 1979, p. 208）を構成することにつながる相互作用であると言える．

　以上より，身体的位相，視覚的位相，言語的位相での相互作用は，相互に連関し，行きつ戻りつしながら，幼児間の協働やコミュニケーションを支えていることが示唆された．ただし，本章で示された他児の製作物の注視（視覚的位相での相互作用），「見せる」動作（身体的位相での相互作用），製作目的の共有（言語的位相での相互作用）が，製作プロセスにおいてどのように機能するのかについては，詳細に検討していない．そこで，次章以降の第4～7章では，それぞれの位相での相互作用に焦点を当て，検討を行う．

第4章　製作における視覚的位相での相互作用

　第3章より，身体的位相，視覚的位相，言語的位相での相互作用は，相互に連関し，共起的に，幼児間の協働やコミュニケーションを支えていることが示唆された。本章以降の第4～7章では，これら共起する諸位相での相互作用を，一つの位相ごとに焦点を当て，それぞれの位相で，幼児がどのような相互作用を通して他児とともに協働で製作を行っているのかを分析することとする。

第1節　本章の目的

　本章では，共起する諸位相での相互作用のうち，特に視覚的位相での相互作用に焦点を当て，他児の製作物の注視を通して幼児が造形表現を生成するプロセス，すなわち造形表現の触発プロセスの分析を行うことを目的とする。
　幼児の造形表現を他児との相互作用を通してなされるものとして捉える研究には，幼児間の模倣に着目した研究があり，模倣の大多数が創造の契機となり（奥，2004），協働描画の完成に導く要因となることが示されている（若山ほか，2009）。しかし，上述の研究では，他児の影響を受けて，幼児が独自の造形表現を生成するプロセスそのものは問うていない。他児の造形表現から得た情報を採り入れ，幼児が自分の着想につなげたとき，模倣は自己表現や創造になると考えられる。本研究では，この自己表現の生成を，他児とは異なるモチーフの生成により捉える。
　その際，「つくったモノで遊ぶ」目的という製作目的を共有することで，製作プロセスにどのような違いがあるかを明らかにするため，「つくったモノで遊ぶ」目的を共有している事例とそうでない事例ごとに，モチーフの生

成プロセスを詳細に検討する。「つくったモノで遊ぶ」という製作目的を共有し，ゴールを共有することで，協働のあり方がどのように異なるのかを検討するためである。

分析の視点としては，視覚的位相での相互作用として注視方向を視点とする。そして，素材・道具・製作物といった人工物の媒介機能を検討するため，製作において幼児が採り入れる製作要素に着目する。美学や芸術学においては，作品の成立条件に，表現の「テーマ」，「対象・モチーフ」，表現の「方法」の3つの要素があり，これらの組み合わせで作品がつくられるとされている（辻・杉山，1981；横地・岡田，2007）。本研究において，表現の「テーマ」は，表現の目的となる，「つくったモノで遊ぶ」目的とする。「モチーフ」は，前述の通り，幼児が見立てた対象とする。「方法」は，製作に用いる素材と，モノを形づくるための製作手段からなる。たとえば，「お菓子屋さんごっこ」を目的とする製作の場合，「クッキー」をモチーフ，クッキーをつくるための「空き箱」を素材，空き箱を「はさみで切る」ことを製作手段と捉えることができる。

第2節　方法

研究協力者，観察の場面・期間，観察記録の作成等は，第2章第2節で述べた通りである。本章での分析の視点および手続きは，以下の通りである。

1．分析単位

本章では，ビデオ記録に基づく微視発生的分析（Siegler & Crowley, 1991；Siegler, 2006）を行う。この手法に基づき，事例の中でモチーフが生成される場面を一つの分析単位事例として切り取り，ビデオを用いて分析を行う。この分析単位事例について，幼児の注視方向と幼児が採り入れる製作要素の2つの視点から分析を行う。

2．分析記録の作成

　筆記記録とビデオ記録より，製作を行っている2人以上の幼児の間で，モチーフが言葉で共有された事例を収集した。1事例の単位は，幼児が製作を始めた時点（e.g. 素材を手に取る，製作の目的やモチーフについて発言する）を"事例の開始"，製作をやめた時点（e.g. 製作物をロッカーにしまう，片付けを始める）を"事例の終了"とした。さらに，上述したように，事例の中で，モチーフの生成が見られる場面を一まとまりとして，ビデオ記録をもとに分析単位事例を作成した。1分析単位事例は，モチーフ生成にかかわる素材または相手の製作物を注視した時点を"分析単位事例の開始"，モチーフ発話を行った時点を"分析単位事例の終了"とした。

3．分析対象事例の選定

　観察期間である2012年5月〜11月の6ヶ月間で，幼児間でモチーフが言葉で共有された事例は23事例であった。このうち，「つくったモノで遊ぶ」目的が共有されない事例は12事例，「つくったモノで遊ぶ」目的が共有された事例は11事例であった。本研究では，それぞれの事例群より，幼児が他児のアイデアを採り入れ自分独自のモチーフを生成する場面が観察された事例を1事例ずつ選んで比較・検討し，社会的相互作用を通した造形表現の触発プロセスを検討する。なお，「つくったモノで遊ぶ」目的の共有の定義は，言葉あるいは動作で，幼児間でその遊びをすることが了解されているとみなせる場合とした。たとえば，「ウィザードごっこしよう」のように，言葉で目的を共有している場合に加えて，「変身」と言いながらポーズを取るなどして，仮面ライダーごっこをすることを共通認識として持っていると見られる場合も，「つくったモノで遊ぶ」目的を共有しているとみなした。「つくったモノで遊ぶ目的」の共有／非共有に関して，筆者ともう1名が独立に事例を分類した結果，一致率は83.3%であった。不一致箇所は協議の上決定した。

第3節　他児の製作物の注視を通した表現の触発プロセス

1．「つくったモノで遊ぶ」目的が共有されない事例（全12事例中1事例）

　事例1は，「つくったモノで遊ぶ」目的が言葉で共有されない事例である。5歳児クラスに所属するめい（観察時6歳3ヶ月），むつみ（観察時5歳8ヶ月），しずか（観察時5歳10ヶ月）の3名が，素材コーナーにあったプラスチック容器や卵のパックを使って製作を行う。事例1の観察時には，保育室内の所定の位置にある素材や道具を，幼児たちが必要に応じてテーブルに持ってきて使っていた。以下の事例の記述では，事例中の発話の中で「モチーフ」を表している言葉に囲みを，幼児が他児のアイデアを採り入れ，自分独自の「モチーフ」を生成していると考えられる場面（分析単位事例）に下線を付す。

事例1　「空き容器や卵パックを用いた製作」　9月20日

　昼食後の自由遊びの時間，5歳児クラスの保育室に残ったむつみとしずかがテーブルの前に並んで座り，プラスチックの容器に油性ペンで色を塗っている。そして，観察者に「これ，プリン」，「パフェ」と言って，製作物を見せてくれる。そこに，外遊びから帰ってきためいが加わり，同じようなプラスチック容器に色を塗り始める。それを見たしずかが「私たちの真似してるの？」とめいに聞くと，めいは「違う。風鈴つくってる」とむっとしたような表情で言う。その後，めいが素材コーナーから卵のパックを取ってくると，それを見たむつみも素材コーナーに行き，同じ卵のパックを取ってくる。そして，卵のくぼみの部分に「色んな色つけるんだ」と言って，油性ペンで色を塗り始める。その後，めいは数分間虫遊びをしている男児たちのところに行き，中座する。その間に，しずかも素材コーナーに卵パックを取りに行き，テーブルに戻ると「虫眼鏡」とつぶやいて，油性ペンで卵のくぼみに色を塗る。めいは，卵パックを手に持ってテーブルのところに戻ってくると，むつみとしずかの製作物を見た後「私，ドーナツつくろうとしてるの」と言って，卵パックのくぼみに色を塗り始める。しずかとむつみは，めいがドーナツをつくっているのを見るが，すぐに自分の手元に視線を戻し，それまでやっていた卵パックのくぼ

みに色を塗る作業を続ける。めいはむつみに対し「むつみちゃんもドーナツつくりたければ，これを反対にすればできるよ」と言って卵パックを逆さにして見せるが，むつみはめいの製作物を見た後，またすぐ元の作業に戻る。しばらくすると，「お片づけの時間」を告げる園内放送が流れ，3人はそれぞれ製作を打ち切り，片付けを始める。

　事例1では，幼児の発話で「プリン」「パフェ」「風鈴」「虫眼鏡」「ドーナツ」といったモチーフが共有されている。ほとんどのモチーフが「お菓子」という共通項でつながっているものの，「つくったモノで遊ぶ」目的と考えられるような発話が見られなかったこと，「風鈴」や「虫眼鏡」というお菓子の分類から外れたモチーフもあること，製作の前後で「つくったモノを使用する遊び」が見られなかったことから，「つくったモノで遊ぶ」目的が共有されていない事例とみなすことができる。

　この事例の中で，めいが他児とのやりとりを通して「ドーナツ」というモチーフ発話を行うまでの場面（下線部）を，分析単位事例として表4-1に記述する。分析単位事例では，幼児たちの発話および行動を1行動単位として区切り，時系列に沿って番号を振った。また，製作物に痕跡が加わった行動単位での製作物の図を，表の下部に記載した。表4-1の分析単位事例1-1は，めいが2分半ほど保育室の外へと出て行った後，テーブルに戻ってきて，むつみとしずかの製作物を注視する時点（行動単位1）から始まり，めいが「ドーナツ」というモチーフについての発話を行い，自分の製作に移る時点で終わる。

　さらに，分析単位事例1-1で，幼児の発話とモチーフや製作方法がどのような関連にあるのかを示したものが表4-2の会話・製作マップである。表4-2では，「発話列」に分析単位事例の行動単位に沿って発話のみを記述し，モチーフ発話が見られる部分を太字にした。そして，モチーフの生成と発話がどのように行われているかを「モチーフ情報」列に，幼児が手に取っ

表 4-1 分析単位事例 1-1：めいによるモチーフ「ドーナツ」の生成

行動単位	経過時間	めいの発話と行動	むつみの発話と行動	しずかの発話と行動
1	31：07	むつみとしずかの製作物を見る		めいに「めいちゃん，どこに行ってたの？」と尋ねる
2	31：09	しずかの問いかけに対し，しずかの方を向いて笑顔で「いやー，そのー，りょうくんが，すごく．さっきここに止まってた．私たちの方見てて．そしたら，りょうくんつかまえて」と答える	卵パックのくぼみを青い油性ペンで塗る	卵パックのくぼみに赤い油性ペンで色を塗る．塗りながら，話しているめいを見る
3	31：32	立ち上がり，保育室の奥でバッタを見ている男児たちの方に行く		卵パックのくぼみにオレンジ色の油性ペンで色を塗りながら，保育室の外の方を見ている
4	31：40	テーブルに戻ってくるが，顔は保育室の外の方（テーブルとは反対側）を向いている	保育室の外の方を見る	卵パックのくぼみに青色の油性ペンで色を塗る
5	31：48	テーブルの方に向き直り，自分の目の前にある卵のパックをじっと見ている		卵パックのくぼみを指でこする
6	31：50	虫で遊んでいる男児たちの方と保育室の外を代わる代わる見る	虫で遊んでいる男児たちの方を見る	
7	32：02	片手で卵のパックを持って，じっと見ている	卵パックのくぼみを茶色の油性ペンで塗る	
8	32：06	近くを取った実習生とその周りにいる子どもたちを見る	近くを通っている実習生の方をちらっと見ながら，卵パックのくぼみに色を塗り続ける	
9	32：08	両手で卵のパックを持って，卵のパックをじっと見てから，顔をむつみとしずかの方に向け「私はこれでドーナツつくろうとしてるの．つくりやすい」と言う		卵パックのくぼみにピンク色の油性ペンで色を塗る．塗りながら，めいの方を見る
製作物の痕跡			開始時 → 2 → 7	開始時→2 → 3 → 9

表4-2 分析単位事例1-1の会話・製作マップ

分析単位事例	行動単位	発話	モチーフの生成・言語化			素材			製作手段		
			めい	むつみ	しずか	めい	むつみ	しずか	めい	むつみ	しずか
1-1	1	しずか：めいちゃん，どこに行ってたの？				卵のパック	卵のパック	卵のパック		塗る	塗る
	2	めい：いやー，そのー，りょうくんが，すごく．さっきここに止まってた。私たちの方見てて。そしたら，りょうくんつかまえて									
	3										
	4										
	5										
	6										
	7										
	8										
	9	めい：私はこれでドーナツつくろうとしてるの。つくりやすい	生成・言語化						塗る		

た素材を「素材」列に，素材を変形した行為を「製作手段」列に記した。モチーフを生成した時点は，事例1では，幼児が自分の手に持った素材をじっと見て，その直後に顔を上げてモチーフ発話を行っていることから，モチーフ発話を行った時点と同時点とした。また，幼児たちが使用した素材や製作手段で，同じ要素が見られるものは四角で囲み，線でつなげた。

表4-2より，めいは，中座した理由をめぐってしずかと話した後，「私はこれでドーナツをつくろうとしてるの」（行動単位16）と言って，モチーフを他児に伝えている。このとき，めいは，むつみやしずかと同じ「卵パック」という素材と「色を塗る」という製作手段を採り入れつつも，独自のモチーフを生成していると言える。

次に，この短期的な場面での幼児たちの注意の焦点を分析するため，幼児たちが注視している方向を，行動単位に沿って矢印で示したフローチャートを図4-1に示す。「注視」の矢印は，自分の製作物，相手の製作物または素材の3つの対象に対し，幼児がただ視線を移しただけでなく，観察者から見て視線を停留し注意深く見る様子が観察された場合にのみ記した。●は幼児の視線の出どころを指し，自分の製作物を注視している場合（製作している場合も含む）は，直下の●に向けて矢印を記した。○はめいが手に持っている素材を表す。他児の●に向けた矢印は，他児の手元や身体ではなく，他児の製作物を注視したときのみ記した。また，他児の製作物を注視した後，独自のモチーフを生成するまでのプロセスを 四角 で囲んだ。なお，各行動単位における幼児の注視方向を，筆者ともう1名が独立に評定した結果，一致率は100%であった。

図4-1より，めいが「ドーナツ」というモチーフを生成し，他児に言葉で伝えるまでのプロセスは，以下のようになっている。まず，むつみとしずかの製作物を注視し（行動単位1），その後，他児の製作物からも素材からも注視を離すという行動（行動単位2〜4，行動単位6，行動単位8）と，素材を注

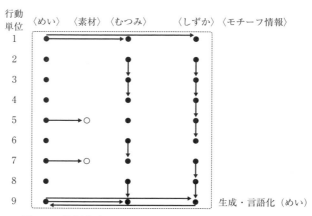

図4-1　注視方向フローチャート：めいのモチーフ生成

第4章　製作における視覚的位相での相互作用　113

視するという行動（行動単位5，行動単位7，行動単位9）を3回繰り返してから，モチーフの生成・伝達に至るというプロセスである。この注視方向の分析から，他児の製作物を注視し，素材や製作手段に関する情報を得た後，製作以外のものに注視が逸脱し，その後素材に注視を戻すことが繰り返される中で，モチーフが生成されたことが示された。

　また，行動単位9では，めいがモチーフを他児に伝えたと同時に，しずかがめいの製作物を注視している。しかし，しずかはめいの「ドーナツ」というモチーフに対して積極的に応答していない。このように，事例1では，幼児がモチーフを伝える発話によって，それを聞いた他児が製作物を注視するが，その注視によって得た情報を，自分独自のモチーフを生成するために採り入れることはしていないと言える。

2．「つくったモノで遊ぶ目的」が共有される事例（全11事例中1事例）

　事例2は，「つくったモノで遊ぶ」目的が共有される事例である。4歳児クラスに所属するみゆき（観察時5歳0ヶ月）とふみ（観察時4歳11ヶ月）が牛乳パックや色画用紙の紙片などを用いて，それぞれ「だんごむしのおうち」と「だんごむしの遊び場」を製作する。事例2の観察日は，だんごむしを絵の具で描く一斉活動が行われる予定であったため，保育室の一角には，だんごむしの入った虫かごがあった。だんごむしが入った虫かごのすぐ近くに，各種素材が置かれた製作テーブルがあり，そこで事例2は観察された。なお，観察日の前後に，当該クラスでは，園庭でだんごむしを探し，保育室内の虫かごに入れて飼うなど，幼児とだんごむしとの触れ合いが頻繁に見られた。

事例2　「だんごむしのおうちと遊び場」　5月30日

　午前中の自由遊びの時間，みゆきは虫かごからだんごむしを取り出すと，牛乳パックを切り開いた紙の上に置き，「これ，だんごむしのおうち」と言って製作を始める。ふみはみゆきが製作する様子を見て，トイレットペーパーの芯に色画用紙を

114　第Ⅱ部　製作における幼児間の相互作用の諸位相

> 貼り始め，ちょうど通りかかった担任の先生に「だんごむしのおうち？」ときかれると，「だんごむしの遊び場」と答える。2人はそれぞれ，自分の製作物の中にいるだんごむしに名前を付け，動くのを楽しそうに見る。それから，ふみがみゆきに「ねぇ，旗つくろう」と言って2人で旗をつくって製作物に貼り付ける。その後，ふみが紫色の色画用紙をちぎって「私は紫色の飾りをつくるんだから」と言って製作物に貼ると，それを見たみゆきも緑色の色画用紙をちぎって「よし，私は（だんごむしが）まぶしくないようにこれつけた」（括弧内は筆者の加筆）と言って製作物に貼ったところをふみに見せる。次にみゆきの製作物を見たふみが，みゆきが使ったものと同じ緑色の色画用紙を手に取って「ねぇ，葉っぱのさ，葉っぱをやった方がさ」と言って葉っぱの形に色画用紙を切り，製作物に貼る。その後，みゆきが赤い毛糸を引っ張り出して「これで矢印つけてあげる」（注）と言うと，ふみも「ふみちゃんも」と言って二人とも製作物に毛糸をつける。毛糸を付け終わると，ふみが製作テーブルの上にあったトイレットペーパーの芯を見つけ，「見て。望遠鏡までつくっとこう」と言って，2人で望遠鏡をつくる。そして，それぞれの製作物につけ，完成したことをお互い確認すると，製作物を持って保育室の外に行くが，そこでだんごむしがいなくなったことに気づき，つくった望遠鏡でだんごむしを探す。
> 注：観察者には「目印」のことかと思われた。

　事例2では，製作の早い段階で，「だんごむしのおうち」と「遊び場」というモチーフが生まれ，幼児たちは製作物の中にだんごむしを入れて動くのを見ることを「つくったモノで遊ぶ目的」として共有している。この事例では，「だんごむしのおうち」と「遊び場」というモチーフの中に，「つくったモノで遊ぶ目的」も含まれていると言える。
　ここで，みゆきが「まぶしくないようにつけた」ものというモチーフを生成する場面と，それと連続する形でふみが「葉っぱ」というモチーフを生成する場面（事例2の下線部）を，分析単位事例2-1，2-2として表4-3，表4-4に示す。これらの分析単位事例は連続しているため，行動単位は通しで番号を振った。
　分析単位事例2-1は，ふみが「私は紫色の飾りをつけるんだから」とモチ

第4章 製作における視覚的位相での相互作用　115

表4-3　分析単位事例2-1：みゆきによるモチーフ「（だんごむしが）まぶしくないようにつけたもの」の生成場面

行動単位	経過時間	みゆきの発話と行動	ふみの発話と行動
1	11：30	ふみが紫色の紙片を製作物（だんごむしの遊び場）の外側にセロハンテープでつけるのをじっと見る	紫色の紙片を自分の製作物（だんごむしの遊び場）の外側にセロハンテープでつけながら，「私は紫色の飾りをつけるんだから」と言う
2	11：33	ふみに背を向けて，うろうろと歩き出す	
3	11：36	くるりとふみの方に向き直り，素材かごの方に早足で歩いてくる	
4	11：39	素材かごから緑色の紙片を取り出す	製作物の側面のもう片方の側面にも紫色の紙片をセロテープで貼り付ける
5	11：42	緑色の紙片を，製作物の四角柱の切り込み部分の内側に貼り付ける	
6	12：03	素材かごから薄緑色の紙片を取り出し，半分にちぎる	
7	12：20	ちぎった薄緑色の紙片を製作物の四角柱の内側にセロハンテープで貼り付ける	
8	12：26	製作物を持ち上げ，ふみに見せるようにしながら，「私はまぶしくないようにこれつけた」と言う	みゆきの製作物をじっと見る
製作物の痕跡		開始時 → 5 → 7	開始時 → 1 → 4

ーフを伝え，それをみゆきがじっと見るところ（行動単位1）から始まり，みゆきが「私はまぶしくないようにこれつけた」と自分独自のモチーフを伝える発話（行動単位8）で終わる。分析単位事例2-2は，分析単位事例2-1の最後のみゆきの発話に際し，ふみがみゆきの製作物をじっと見るところ（行動単位8）から始まり，ふみが「あのさ，葉っぱのさ，葉っぱをやった方がさ」とモチーフを伝え（行動単位13），それに対して反論したみゆき（行動単位14）にふみが「ちがうよ，貼るんだよ」と言い返す発話（行動単位15）で終わる。

表 4-4 分析単位事例 2-2：ふみによるモチーフ「葉っぱ」の生成場面

行動単位	経過時間	みゆきの発話と行動	ふみの発話と行動
8	12：26	製作物を持ち上げ，ふみに見せるようにしながら，「私はまぶしくないようにこれつけた」と言う	みゆきの製作物をじっと見る
9	12：34		紫色の紙片を貼る作業を再開する
10	12：41		みゆきが製作テーブルのわきで，他の子と話しているところへ行く
11	12：44		製作テーブルの方に向き直り，素材かごを見る
12	12：45		素材かごから緑色の色画用紙を取る
13	12：46	ふみが緑色の色画用紙を切るのを見る	「あのさ，葉っぱのさ，葉っぱをやった方がさ」と言って，緑色の色画用紙をはさみで葉っぱの形に切る
14	12：58	みゆきに向かって「でもさ，本物の葉っぱって間違えちゃうんじゃない？」と言う	
15	13：04		緑色の色画用紙を葉っぱの形に切りながら，「ちがうよ，貼るんだよ」と言う

　この分析単位事例 2-1 と分析単位事例 2-2 において，幼児の発話とモチーフや製作方法がどのような関連にあるのかを示したものが表 4-5 の会話・製作マップである。記述方法は事例 1 と同様である。ここでのモチーフの生成は，幼児が素材かごに手を伸ばして素材を手に取り，その後製作を始めるまでの間に，考える素振りや視線を動かしたりする行動が見られなかったため，素材を手に取った時点ですでにモチーフが決まっていたとみなし，その時点をモチーフが生成された時点とした。

　表 4-5 より，みゆきが「（だんごむしが）まぶしくないように」つけるものというモチーフを思いつく（行動単位 8）までに，ふみの製作物と同じ「色画用紙の紙片」という素材とそれを「貼る」という製作手段を採り入れていることがわかる。さらに，ふみも「葉っぱ」というモチーフを生成するまでに（行動単位12），みゆきが使用したものと同じ「緑色の色画用紙」という素

表 4-5　分析単位事例 2-1 および 2-2 の会話・製作マップ

分析単位事例	行動単位	発話	モチーフの生成・言語化		素材		制作手段	
			みゆき	ふみ	みゆき	ふみ	みゆき	ふみ
2-1	1	ふみ：私は紫色の飾りをつけるんだから		言語化		紫色の紙片		貼る
	2							
	3							
	4		生成		緑色の紙片			
	5						貼る	
	6				薄緑色の紙片		ちぎる	
	7						貼る	
2-2	8	みゆき：私はまぶしくないようにこれつけた	言語化					
	9							
	10							
	11							
	12			生成		緑色の紙片		
	13	ふみ：あのさ，葉っぱのさ，葉っぱをやった方がさ		言語化				切る
	14	みゆき：でもさ，本物の葉っぱって間違えちゃうんじゃない？						
	15	ふみ：ちがうよ，貼るんだよ						貼る

材を採り入れている。みゆきとふみは，相手の製作物を見ることで製作方法に関する新しい情報を得て，自分の製作に採り入れていると言える。

　ここで，この短期的なモチーフ生成場面で，幼児たちの注意の焦点がどこにあったのかを検討するため，注視方向に着目した分析を行う。分析単位事例 2-1 に対応した注視方向フローチャートを図 4-2 に，分析単位事例 2-2 に対応したものを図 4-3 に示す。記述方法は事例 1 のもの（図 4-1）と同様である。みゆきが「まぶしくないようにつけた」ものというモチーフの生成に

至るまでのプロセスと，ふみが「葉っぱ」というモチーフの生成に至るまでのプロセスを四角で囲った。なお，素材列に記されている○は，直前で遊び相手が使用したものと同じ色画用紙を指す。

　図4-2と図4-3より，みゆきとふみがモチーフの生成に至るまでには，次のような共通するプロセスがある。まず，遊び相手がモチーフを伝える発話をきっかけに相手の製作物を注視し（行動単位1，行動単位8），その後，相手の製作物からも自分の製作物からも注視を離し（行動単位2，行動単位10），そして遊び相手が直前で使用した素材を注視し（行動単位3，行動単位11），そこでモチーフを思いついた様子で，素材に手を伸ばし製作に移る（行動単位4，行動単位12）というプロセスである。

　さらに，事例2では，分析単位事例2-1と2-2でモチーフの生成と伝達が，交互に連鎖するように行われている。図4-2では，最初にふみがモチーフを伝えたことがきっかけとなり，みゆきがふみの製作物を注視しており（行動単位1），図4-3でも，みゆきがモチーフを伝えたことをきっかけに，ふみがみゆきの製作物を注視している（行動単位8）。さらに，ふみが「葉っぱ」というモチーフを伝えた時点でも，みゆきはふみの製作物を注視している

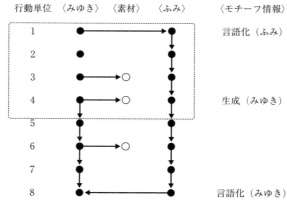

図4-2　注視方向フローチャート：みゆきのモチーフ生成場面

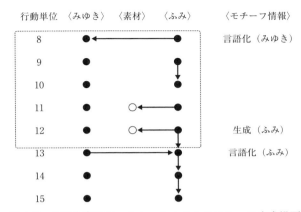

図4-3 注視方向フローチャート：ふみのモチーフ生成場面

(行動単位13)。行動単位13の後には，みゆきはふみのアイデアに対して反論をし，ふみのアイデアを受け入れない。そのため，モチーフ生成の連鎖はここで断ち切られている。いずれにしても，モチーフを伝える発話には，他児の注視を自分の製作物に向け，注意の焦点を合わせる働きがあると考えられる。そうやって言語的にも視覚的にも他児に新しいアイデアを示し，それを見た他児が，幼児の示したアイデアを採り入れた場合にはモチーフの連鎖が起こり，採り入れなかった場合には連鎖が起こらないと考えられる。

3．他児の製作物の注視を通したモチーフ生成の微視発生的プロセス

以上，「つくったモノで遊ぶ目的」が共有されない事例と「つくったモノで遊ぶ目的」が共有される事例より，幼児が他児との相互作用を通してモチーフを生成するプロセスを，幼児の注視方向に着目して分析してきた。その結果，事例1と事例2の3分析単位事例の共通性から，幼児は遊び相手の製作物を注視することで素材や製作手段の情報を視覚的に得て，そこから独自のモチーフを生成するというプロセスが見られた。そして，そのプロセスには，相手の製作物に注視を向け製作方法の情報を取得した後に，いったん注

視が互いの製作物から逸れる時間が見出された。この短期間の注視の逸脱が，相手と同じ素材・製作手段を用いながらも，自分独自の視点を通して素材を見立てるために必要な時間であることが示唆される。

　一方，2つの事例には差異もある。「つくったモノで遊ぶ」目的が共有されない事例1では，モチーフの生成が単発的であるのに対し，「つくったモノで遊ぶ」目的が共有される事例2では，モチーフが，異なる2名の幼児の間で交互に連鎖するように生成されていた。これには「つくったモノで遊ぶ」目的の有無が関連していると思われる。事例2では，「だんごむしのおうち」や「だんごむしの遊び場」という目的が共有されていたため，だんごむしとの関連から「（だんごむしが）まぶしくないように」というモチーフや「葉っぱ」というモチーフが連想されたと考えられる。このことから，「つくったモノで遊ぶ」目的が共有されていると，その目的との関連から，モチーフが連想されやすくなる可能性が示唆される。目的が設定されていることで、目的とモチーフとの間に一貫性をもたせようとする制約条件となり、モチーフを発案しやすいのではないかと考えられる。目的の共有／非共有によるモチーフの連鎖の有無について，事例数から検討するために表4-6を示す。表4-6は，モチーフ生成が連鎖する場面が見られた7事例における，「つくったモノで遊ぶ」目的が共有されない事例数と「つくったもので遊ぶ」目的が共有される事例数を示したものである。

　表4-6より，モチーフ生成の連鎖が見られた事例では，「つくったもので遊ぶ」目的が共有されている場合の比率が71.4%と高い。「つくったもので遊ぶ」目的の共有は，モチーフ生成の連鎖に関連している可能性が示唆され

表4-6　「つくったもので遊ぶ」目的が共有されない事例／共有される事例におけるモチーフ連鎖事例数（比率：%）

	「つくったもので遊ぶ」目的が共有されない事例数	「つくったもので遊ぶ」目的が共有された事例数	計
モチーフ連鎖事例	2（28.5）	5（71.4）	7（100）

る。

　さらに，モチーフ生成の連鎖が見られた事例2の注視方向の分析より，幼児は他児がモチーフを伝える発話によって，注視を他児の製作物に向け，そこで，製作方法に関する情報を得ることにより，製作方法における新しいアイデアを採り入れ，独自のモチーフを生成していた。モチーフを言葉で伝えることが，他児の製作物からの情報取得，注視逸脱，素材の再注視という一連のモチーフ生成プロセスを引き起こす契機になっている。モチーフを言葉で伝えることが，製作に新しい要素をもたらす提案となり，その提案に対し，遊び相手が注視を向けることが，表現の触発の引き金となっている。

第4節　考察

　本章では，幼児の協働製作において，相互連関的に共起する諸位相での相互作用のうち，特に視覚的位相での相互作用に焦点を当て，他児の製作物の注視を通して幼児が造形表現を生成するプロセス，すなわち造形表現の触発プロセスの分析を行ってきた。具体的には，幼児が他児との相互作用を通してどのようにモチーフを生成しているかを，幼児の注視方向に着目して分析した。本節では，他児の製作物の「注視」が，幼児期の協働製作において意味するところを，共同注意の理論を手がかりに考察する。

　第1に，複数の幼児たちが行う製作において，幼児が他児との相互作用を通してモチーフを生成するプロセスには，相手の製作物を注視することによって，自分とは異なる相手のアイデアに気づき，そのアイデアを実現した素材や製作手段の情報を視覚的に取得した上で，自分の製作に採り入れ，自分独自のモチーフを生成するというプロセスが見られた。他児の製作物を注視するという行動は，他児が見ている製作物を自分も見るという点で，媒介の三項関係を形成するとともに，製作物に対する共同注意を成立させる。この共同注意の三項関係の中で，他児のモチーフ発話を聞きながら製作物を注視

することで，相手の意図や目標を言語的・視覚的に知覚していると考えられる。さらに，同じように製作しているという状況で，自他の視点が異なることに気づき，相手の製作方法におけるアイデアを採り入れるという模倣行動が生じている。しかし，模倣行動だけでなく，そこで自分独自のモチーフを生成し，素材・製作物に新たな意味を付与している点で，表現の触発が生じていると言える。

第2に，本章で分析した2事例では，この自分の独自のモチーフを生成するプロセスに，幼児が互いの製作物から注視を離すという段階があることが見出された。このような注視を離す段階は，幼児が注意を製作からいったん逸脱させた後，再び素材と対峙し，他児とは異なる自分の視点を通して，素材に新しい意味を付与するための段階と捉えることができる。他児の製作物の注視をすることで形成した共同注意の三項関係を，注視を外すことにより，いったん解体した後に，自分と素材との間に二項関係を形成することにより，自分の視点でモチーフを生成することができるものと考えられる。このようなプロセスは，子どもの文化的発達における，いかなる精神機能も，最初は人々の間に社会的平面（精神間カテゴリー）として，それから心理的平面（精神内のカテゴリー）として子どもの内部に二度現れるとしたVygotsky (1981)の言葉が示すように，幼児間の模倣に始まった社会的な学習過程の後に，模倣した側の幼児の精神内に他児のアイデアや方法などが内化され「わがものとする」（appropriate）という心理的過程があるという可能性が示唆される。

第3に，「つくったモノで遊ぶ目的」が共有される事例と共有されない事例の2事例の差異から，製作目的が共有されている場合の方が，モチーフは生成されやすく，モチーフの連鎖が生じる可能性があることが示唆された。その理由として，目的の設定により，その目的との関連，あるいは，目的とモチーフに一貫性を持たせるという制約条件となり，モチーフが連想されやすいのではないかと考えられる。「つくったモノで遊ぶ」目的が共有されている場合には，幼児間で共通のゴールを目指しているため，他児の注意の向

け先がどこにあるのかを知るのが容易になるとともに，自他の視点の違いにも敏感に気づくことができると考えられる。

　第4に，「つくったモノで遊ぶ」目的が共有されている事例で見られたようなモチーフ生成の連鎖は，幼児が他児にモチーフを伝える発話をきっかけに，注視を他児の製作物に向けた幼児が，その製作物から製作方法に関するアイデアを採り入れ，自分独自の新たなモチーフを生成するということを繰り返す中で行われていた。幼児は，モチーフ発話により，他児の注視を自分の製作物に向け，他児の注意を喚起していた。これより，モチーフ発話は，言葉により他児の注意を操作する手段であり，共同注意行動の一つであると言える。Tomaselloは，言語を使用すると，単純に指さしや提示をするよりも，操作的に注意を特定できること，そして，我々は視線の方向を変えることなく，文脈のある側面を意図的に他者に知覚させる試みとして，言語を指示的に使用することを指摘している（Tomasello, 1995/1999）。幼児間で製作目的を共有し，共同注意を操作するモチーフ発話のような言葉を用いることで，幼児は，他児からの相互作用を通して独自のモチーフを生成し，自己表現を行うと考えられる。

　以上の考察をまとめると，他児の製作物の注視を通して，幼児が独自のモチーフを生成するには，図4-4のような微視的プロセスがあると考えられる。まず，モチーフ発話のような共同注意を操作する発話や行動を通して，幼児は，他児のモノに注視を向け，共同注意の三項関係を成立させる。しかし，その後，幼児はいったん注視を自他の製作物から離し，注意を逸脱させることで，共同注意の三項関係を解体する。その注意逸脱段階を経て，幼児は，自分と素材が対峙する二項関係を成立させることで，独自の表現を生み出す。この微視発生的プロセスは，Vygotskyが「文化的発達の一般的な発生論的法則」で述べるように，精神機能は社会的平面（精神間カテゴリー）として現れた後に，心理的平面（精神内カテゴリー）に現れるという過程の間に，きわ

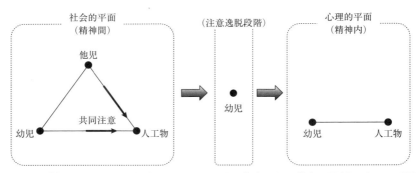

図4-4　幼児のモチーフの生成プロセスにおける他者や人工物との関係のイメージ図

めて短時間ではあるが，注意をいったん逸脱する段階があるという可能性を示唆している。

　そして，このような微視発生的なプロセスは，幼児間で製作目的が共有され，共通のゴールが了解されているような場合に，より頻繁に行われると考えられる。ただし，本章では，注視を請求する機能をもつモチーフ発話の分析を通して，視覚的位相と言語的位相の関連については考察したが，同じく幼児が注視を請求する行為である「見せる」という身体的位相での相互作用が，どのように関連しているかについては検討していない。そこで，次章では，幼児がモノを「見せる」行為に着目する。

第5章　製作における身体的位相での相互作用

　第5～6章では，特に身体的位相に焦点を当て，他児との身体的位相での相互作用を通して幼児が造形表現を行うプロセスを分析する。具体的には，幼児がモノを差し出して「見せる」という身体的動作に着目する。

第1節　本章の目的

　本章では，共起する諸位相での相互作用のうち，特に身体的位相での相互作用に焦点を当て，製作場面における「見せる」行為の機能，すなわち，「見せる」側の幼児にとってのコミュニケーション機能を検討することを目的とする。その際，「見せる」相手や，時期に応じた機能の相違についても検討する。

　乳幼児の「見せる」という言語・非言語での共同注意行動は，行動が発現する乳児期から2歳代までの研究は多いものの（e.g. やまだ，1987），それ以降の幼児期にどのように発現するのかについての研究は少ない。乳幼児が言語を獲得して以降も，共同注意は，コミュニケーションのあり方の重要な基盤になっていると考えられるが，同年齢他児が多数いる保育の場で，共同注意行動がどのように機能しているのかについては，明らかになっていない。

　その中で，福﨑（2006）は，幼稚園で3年間の観察研究を行い，「見て」や「見てて」発話の機能を，実際の保育現場での幼児の観察から導き出している。福﨑は，「見て」や「見てて」発話には，相手の賞賛や承認を求める'共感的機能'，他者の注目を得ることを利用しながら二次的目的を達成しようとする方略性のある'方略的機能'，他者の心の動きを察しながら自分ごととして他者を思い，気持ちをつなごうとする'媒介的機能'があることを

明らかにしている。この福崎の研究は，同年齢他児のいる保育の場での「見て」「見てて」発話について検討し，上記3つの機能を同定した点で，特筆に値する。ただし，幼児の登園から降園までの間の様々な場面を対象としているため，幼児が「見せる」対象も自他の身体，モノなど様々である。本研究で扱う製作場面では，製作物や素材，道具といったモノが幼児の眼前にあり，そのモノが幼児の内的イメージや意図を伝達する役割をもつと考えられる。その点で，場面を限定せず，あらゆる場面での「見せる」行為を検討した福崎が示したものとは異なる，製作場面に固有の「見せる」行為の機能があると考えられる。そこで，本研究では，製作場面に固有の「見せる」行為の機能について検討する。そして，この「見せる」行為を幼児と他者とのコミュニケーションとして捉えた場合，第1章第5節であげたやまだ（1987）の関係図式のどれに該当するのかを検討し，「見せる」という身体的位相での相互作用が，幼児にとってどのようなコミュニケーション機能をもつのかについて考察する。

　また，「みてて」発話は，未知の関係では生じず，既知の関係間を経て徐々に広がっていく（福崎，2006，p.116）ことが示されていることから，時期により幼児が「見せる」相手は異なり，幼児がモノを「見せる」行為の機能も，時期により異なる特徴を持つと予想される。

　さらに，「見せる」相手が保育者か他児かにより，機能に相違があると考えられる。また，製作が終わった後に「見せ」，その後にはモノに手を加えないのか，製作する前や途中にモノを「見せ」，その後にまた手を加えるのかという区別は，「見せる」行為が「見せる」側の幼児にとってどのようなコミュニケーションであるのかを検討する指標の一つであると考えられる。そこで，幼児が製作のどの時点で，他者にモノを「見せる」かを分析の視点の一つとする。

　以上，「見せる」行為に関する先行研究から，以下3つの課題が導き出された。第1に，製作場面に固有の「見せる」行為の機能，すなわち，「見せ

る」側の幼児にとってのコミュニケーション機能の検討である。第2に，「見せる」相手が保育者か他児かによる「見せる」行為の機能の相違の検討である。第3に，幼児が「見せる」相手や機能に関する，時期により異なる特徴の検討である。

第2節　方法

　研究協力者，観察の場面，観察記録の作成等は，第2章第2節で述べた通りである。本章での観察および分析の手続きは，以下の通りである。

1．時期による分類

　第2章第2節で述べた通り，本研究では，2013年度4月の進級時から3月まで，週に1回（計34回），午前と午後の自由遊び時間に観察を行った。

　時系列に沿った分析を可能にし，時期により異なる「見せる」行為の相手と機能の特徴を検討するため，本章では，1年をⅠ期（4月～7月），Ⅱ期（9月～12月），Ⅲ期（1月～3月）に分けた。1年を上記3期に分けた理由は，秋田・増田（2001）が，「保育においては，学期を単位とするのではなく多くの幼児に共通して現れる発達の節目を"期"としてとらえていくことが指導上も重要な点であり，行事への取り組みが期の節目となり発達援助をしていくことが指導の『ねらい』として位置づけられている。行事体験後の成就感・達成感・自信・協調・共同に支えられて，幼児の遊びへの取り組みは大きく変容していく」（秋田・増田，2001，p.352）と述べるように，行事という節目ごとに幼児間の相互作用に変化が見られると考えたためである。そこで，本章では，10月中旬に運動会を，2月初旬に'おゆうぎ会'（学芸会・生活発表会とも称す）を設定している研究協力園の実態に即して，10月前後と2月前後での幼児間の相互作用の相違を捉えるため，9月から12月をⅡ期，1月から3月をⅢ期とした。このような区切りで1年を分け，各時期での幼児間

の相互作用の特徴を検討することで，保育実践で実感される幼児の変化の特徴を明らかにし，実践との親和性の高い知見が得られると考える。なお，各時期ののベ観察時間は約45時間であり，時期による差はない。

2．「見せる」行為の分類

　製作において，幼児が他者にモノを「見せる」行為の相手と機能を検討するため，フィールドノーツより，幼児が他者にモノを差し出し「見せる」行為を抽出して1回とカウントした。

　研究協力者である4歳児2クラス56名のうち，1年間の観察期間中に「見せる」行為が観察された幼児は30名であった。表5-1は，上記30名が行った「見せる」行為について，回数の多い順にまとめたものである。

　表5-1に示した計222回の「見せる」行為を，以下の点で分類した。

（1）「見せる」行為カテゴリーによる分類

　「見せる」行為の実態に基づく分類を行うために，ビデオ記録とフィールドノーツを照合し，各「見せる」行為によって相手に伝えられた内容，行為のなされた状況，前後の文脈から，「見せる」行為のカテゴリーを作成した。

（2）「見せる」行為の相手による分類

　モノを「見せる」行為の受け手が保育者（観察者および保育参観中の保護者も含む）か他児かにより分類した。

（3）「見せる」タイミングによる分類

　ビデオ記録とフィールドノーツを照合し，モノを「見せる」タイミングが製作前か製作途中か製作後かにより分類した。タイミングについては，幼児が素材に手を加えていない場合を「製作前」，素材に手を加えたモノ（製作物）を見せ，その後も同じ製作物に手を加えた場合を「製作途中」，見せた

第5章 製作における身体的位相での相互作用　129

表5-1　幼児別の「見せる」行為の回数

名前[注] (性別)	Ⅰ期	Ⅱ期	Ⅲ期	総数
ななこ (女)	1	10	23	34
りょうた (男)	11	6	8	25
まき (女)	0	19	4	23
けんすけ (男)	11	0	7	18
かつや (男)	7	8	0	15
みわ (女)	2	0	11	13
みさ (女)	0	9	1	10
さえ (女)	9	0	0	9
みのり (女)	5	0	3	8
もか (女)	8	0	0	8
えみ (女)	0	0	7	7
あさこ (女)	0	4	1	5
こうた (男)	5	0	0	5
ゆういち (男)	0	5	0	5
かいじ (男)	1	0	3	4
みなこ (女)	0	0	4	4
すずか (女)	0	0	2	2
せいや (男)	3	0	0	3
そうすけ (男)	0	0	7	7
ひろき (男)	0	0	3	3
ゆき (女)	3	0	0	3
こゆき (女)	2	0	0	2
れいじ (男)	0	0	2	2
あかね (女)	0	0	1	1
がく (男)	1	0	0	1
きりこ (女)	1	0	0	1
くみ (女)	0	0	1	1
ごろう (男)	0	0	1	1
ゆり (女)	0	0	1	1
りょうへい (男)	0	1	0	1
合　　計	70	62	90	222

注) 名前はすべて仮名である。

後に同じモノには手を加えない場合あるいは製作物の使用に移る場合（しばらくしてまた手を加える場合も含む）を「製作後」とした。

第3節　幼児がモノを「見せる」行為の機能とその時期的相違

1．「見せる」行為カテゴリーによる分類

　製作場面において幼児がモノを「見せる」行為の機能を検討するため，「見せる」行為のカテゴリーを作成した。作成の手順は，以下の通りである。第1に，本研究は，「見せる」行為の実態に基づく分類を行うために，ビデオ記録とフィールドノーツを照合し，「見せる」行為のカテゴリーを作成した。カテゴリーの命名にあたっては，計222回の「見せる」行為のうち，発話を伴うものは191回，伴わないものは27回，不明のものは4回であり，86％以上の「見せる」行為が発話を伴うものであったことから，発話の内容，行為のなされた状況，前後の文脈から，カテゴリー名を命名した。その際，モノを「見せる」行為によって，製作した結果を「伝達」するのか，製作している過程で相手と意見調整をして合議に至るよう「交渉」するのかといった性質の差異があることが確認された。そこで，第2に，〈製作結果の伝達〉と〈製作過程での交渉〉の2つのカテゴリーに大別した。さらに，〈製作過程での交渉〉については，自分と他者の製作意図のどちらを優先しているかによって性質の差異が認められた。そのため，第3に，「自分の製作意図の主張」と「相手の製作意図への同調」の2つに分類し，下位カテゴリーをまとめた。上述した手続きによって得られた「見せる」行為のカテゴリーが表5-2である。

　なお，本研究の文中での〈　〉は「見せる」行為カテゴリー，《　》は「見せる」行為の下位カテゴリーであることを示す。筆者と独立にもう1名が，前後の文脈を含んだフィールドノーツに基づき「見せる」行為カテゴリーの分類を行ったところ，一致率は82.2％だった。不一致箇所は協議の上，

第5章 製作における身体的位相での相互作用　131

決定した。

　表5-2に示すように，〈製作結果の伝達〉としての「見せる」行為には，《よくできたことの伝達》，《予想外になったことの伝達》，《相手と同じモノをつくったことの伝達》の3種類の機能が見られた。このうち，《よくできたことの伝達》，《予想外になったことの伝達》の2種類の「見せる」行為を行うときに，幼児と他者とモノとの間に成り立つと思われる関係が図5-1の提示の関係である。

　幼児がモノを「見せる」行為を通して，《よくできたことの伝達》や《予想外になったことの伝達》を行うとき，モノは，「見せる」側の幼児が「よ

表5-2　「見せる」行為カテゴリーの定義および具体例

	「見せる」行為カテゴリー		定　義	具体例
製作結果の伝達	よくできたことの伝達		できたこと（完成／幼児の技能）や，製作物のできばえ，相手の製作物よりすぐれていることを相手に伝える。	「見て，すごいでしょ」と言って，製作物を差し出す。
	予想外になったことの伝達		自分の予想とは異なるものになったこと，予想とは異なるものを見つけたことを相手に伝える。	「見て，ひし形になったよ」と驚いた表情で言い，製作物を差し出す。
	相手と同じモノをつくったことの伝達		相手と同じモノをつくったことを伝える。	相手と同じモノをつくった後，「○○ちゃんも。同じだね」と言って，製作物を差し出す。
製作過程での交渉	自分の製作意図の主張	提案・教示・指定	素材・方法・製作物を提示することで自分の製作の意図を伝える。	「これで，おうち，つくんない？」と言って，素材などを差し出す。
	相手の製作意図への同調	確認	素材・方法・製作物を提示することで，相手の意図をうかがい，同じように製作しているかどうかを確かめる。	「こう？これでいいの？」などと言って，つくり方が相手と同じであるかを尋ねる。
		相手と同じモノを用いた遊びへの参加表明	相手が提案・指定した製作物を提示し，遊びに参加する意図を伝える。	電車ごっこをしている相手に，「切符です」と言って製作物を差し出し，電車ごっこに入ろうとする。

132　第Ⅱ部　製作における幼児間の相互作用の諸位相

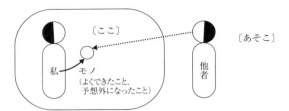

図 5-1　《よくできたことの伝達》《予想外になったことの伝達》の機能をもつ「見せる」行為における自他とモノの関係図式（やまだ（1987）の p.148 の図式を参考に佐川が作成。以下同様）

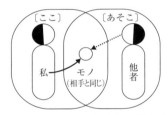

図 5-2　《相手と同じモノをつくったことの伝達》の機能をもつ「見せる」行為における自他とモノの関係図式

くできた」「予想外だった」と思ったことを伝達する媒介であり，「見せる」側の幼児の私的な領域にある。そのため，モノを通じて「私」や「私」そのものを見てほしいという行動であると言える。受け手の他者は，そのモノを見ることにより，幼児の製作が「よくできたこと」や「予想外だった」ということを知る。この関係においては，受け手の他者は観客の役割を果たす。

　次に，《相手と同じモノをつくったことの伝達》の機能をもつ「見せる」行為を行うときに，幼児と他者とモノとの間に成り立つと思われる関係を図 5-2 に示す。

　幼児がモノを「見せる」行為を通して，《相手と同じモノをつくったことの伝達》を行うとき，モノは「相手と同じである」ことを伝達する媒介であり，相手の領域と自分の領域が重なった部分にあると考えられる。受け手の他者は，そのモノを見ることにより，自分のモノと相手のモノが「同じであ

第5章 製作における身体的位相での相互作用　133

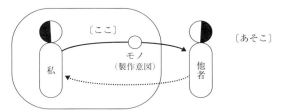

図5-3 《提案・教示・指定》の機能をもつ「見せる」行為における自他とモノの関係図式

る」ということを知る。この関係においては，受け手の他者は観客であるだけでなく，同じ意図をもった行為主体として同志のような役割になると考えられる。

　一方，〈製作過程での交渉〉としての「見せる」行為には，《提案・教示・指定》，《確認》，《相手と同じモノを用いた遊びへの参加表明》の3種類の機能が見られた。このうち，《提案・教示・指定》の「見せる」行為を行うときに，幼児と他者とモノとの間に成り立つと考えられる図式を図5-3に示す。

　幼児がモノを「見せる」行為を通して，《提案・教示・指定》を行うとき，モノは幼児の「何をつくるか」「どのようにつくるか」という製作意図を伝達する媒介であり，「見せる」側の幼児と受け手の他者の間でやりとりされるものである。このときのやりとりは，モノが物理的に移動するのではなく，モノを媒介に製作意図が言葉でやりとりされる観念的なものである。この関係においては，受け手の他者は，「私」と対面し，折衝しながら合意に至ろうとする交渉相手の役割である。

　このような関係と受け手の他者の役割は，《確認》，《相手と同じモノを用いた遊びへの参加表明》の機能をもつ「見せる」行為においても同様である。図5-4に，《確認》，《相手と同じモノを用いた遊びへの参加表明》の「見せる」行為を行うときに，幼児と他者とモノとの間に成り立つと考えられる図式を示す。

　幼児がモノを「見せる」行為を通して，《確認》や《相手と同じモノを用

134　第Ⅱ部　製作における幼児間の相互作用の諸位相

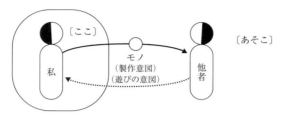

図 5-4　《確認》《相手と同じモノを用いた遊びへの参加表明》の機能をもつ「見せる」行為における自他とモノの関係図式

いた遊びへの参加表明》を行うとき，幼児と他者とモノとの関係は，基本的に図 5-3 の図式と同じである。違うのは，モノが「私」の領域ではなく，「相手」の領域にあることである。モノは，相手の製作意図と「同じであること」を伝達する媒介である。すなわち，「見せる」側の幼児が，相手の製作意図や遊びの意図に同調することで，協働製作や協働での遊びに参加しようとしていることを表すものである。

　以上より，製作場面において幼児がモノを「見せる」行為は，自分のモノや自分そのものを見てほしいという自己顕示にとどまらず，製作物が相手と同じであることを示すことで同志的な関係を築いたり，製作や遊びの意図をやりとりし協働製作や遊びの相互交渉を行ったりというように，多様な機能をもつものであることが示された。いずれの場合も，モノは「見せる」側の幼児の意図や経験を伝達し，保存するための媒介となる。また，製作場面においては自分と相手のモノが同じであるかどうかが重要な意味をもつと考えられる。

2．保育者／他児宛ての「見せる」行為のタイミングと行為カテゴリーの分類

　次に，幼児がモノを「見せる」相手が保育者か他児かにより「見せる」行為の機能に違いがあるかを明らかにするため，まず，「見せる」行為のなされたタイミング別回数および比率を表 5-3 に示した。

第5章 製作における身体的位相での相互作用　135

表5-3 「見せる」相手が保育者／他児による「見せる」
タイミング別回数（比率：％）

	保育者宛て	他児宛て
製作前	8（ 8.3）	11（ 8.7）
製作途中	22（22.9）	64（50.8）
製作後	66（68.8）	51（40.5）
合　計	96（100.0）	126（100.0）

表5-4 「見せる」相手（保育者／他児）による「見せる」行為カテゴリー別回数（比率：％）

「見せる」行為の分類カテゴリー		保育者宛て		他児宛て	
製作結果の伝達	よくできたことの伝達	79（82.3）	74(77.1)	61（48.4）	43(34.1)
	予想外になったことの伝達		5(5.2)		15(11.9)
	相手と同じモノをつくったことの伝達		0(0.0)		3(2.4)
製作過程での交渉	主張	提案・教示・指定	11（11.5）	7(7.3)	37（29.4）	37(29.4)
		援助の要請		4(4.2)		0(0.0)
	同調	確認	6（ 6.3）	6(6.3)	28（22.2）	17(13.5)
		相手と同じモノを用いた遊びへの参加表明		0(0.0)		11(8.7)
合　計			96(100.0)		126(100.0)

　表5-3より，幼児が保育者にモノを「見せる」場合には，製作後に「見せる」比率が68.8％と高い。幼児が他児にモノを「見せる」場合にも，製作後に「見せる」比率が40.5％であるが，それ以上に製作途中に「見せる」比率の方が50.8％と高い。このようなタイミングの比率の相違から，幼児がモノを「見せる」行為の機能は，相手が保育者か他児かにより異なることが予想される。そこで，相手が保育者か他児かにより，「見せる」行為カテゴリー別回数および比率を示したのが表5-4である。
　表5-4より，「見せる」相手が保育者でも他児でも〈製作結果の伝達〉として「見せる」比率が最も高いものの，特に保育者宛ての「見せる」行為は，

82.3％と高い比率を占める。その中でも，《よくできたことの伝達》が77.1％と高い比率を示すことから，幼児が保育者にモノを見せる場合には，製作がよくできたことを伝えたいために「見せる」ことが多いと考えられる。本節1.での考察に照らせば，幼児は，モノを通じて，「私」や「私」そのものを見てほしいという思いから，保育者にモノを見せており，このとき保育者は，幼児にとって観客の役割を果たす。

対して，他児にモノを「見せる」場合は，〈製作過程での交渉：主張〉の比率が29.4％，〈製作過程での交渉：同調〉の比率が22.2％と，保育者宛ての「見せる」行為に比べ，高い比率を示している。幼児間でモノを「見せる」場合には，製作途中に自分がこうしたいという製作意図を主張したり，相手の製作意図を確認するといったように，どのように製作するかの交渉を行う機能を持つことが多いと言える。このとき，モノは幼児の「何をつくるか」「どのようにつくるか」という製作意図を伝達する媒介であり，受け手の他者は，「私」と対面し，折衝しながら合意に至ろうとする交渉相手の役割となる。

以上より，幼児が保育者に対してモノを「見せる」場合と，他児に対してモノを「見せる」場合では，タイミングや機能に異なる傾向があることが示された。

3．モノを「見せる」行為の相手と機能の時期的相違

次に，幼児が他者にモノを「見せる」行為の相手および機能が，時期により異なる特徴を見せるのかについて検討する。

幼児がモノを「見せる」相手が保育者か他児かにより時期ごとに分類したのが表5-5である。

この結果より，Ⅰ期は保育者に対してモノを「見せる」行為の比率が高いが（60.0％），Ⅱ期，Ⅲ期になるに従って，43.5％，30.0％と低くなる。それと同時に，他児宛ての「見せる」行為の比率は40.0％から56.5％，70.0％と

表 5-5　各時期における「見せる」相手（保育者／他児）別回数（比率：％）

	I期	II期	III期
保育者宛て	42(60.0)	27(43.5)	27(30.0)
他児宛て	28(40.0)	35(56.5)	63(70.0)
合計	70(100.0)	62(100.0)	90(100.0)

高くなる。学年開始期のI期では，保育者にモノを「見せる」比率が高いのに対し，学年最終期のIII期には，保育者より他児に向けてモノを「見せる」比率が高くなると言える。

そこで，次に，幼児が他児に向けてモノを「見せる」行為に焦点を絞り，「見せる」行為の機能の時期ごとの特徴を検討する。なお，表5-5で，III期において「見せる」行為の総数が多くなっているのは，III期では幼児がともに製作する場面が多く観察されたためと考えられる（I期7場面，II期6場面，III期10場面）。

幼児が他児に向けてモノを「見せる」行為126回を「見せる」行為カテゴリーに則って分類した際の時期別回数を示したものが表5-6である。

表5-6　他児に向けてモノ「見せる」行為の各時期におけるカテゴリー別回数（比率：％）

大分類	中分類	「見せる」行為カテゴリー	I期		II期		III期	
製作結果の伝達		よくできたことの伝達		9(32.1)		15(42.9)		19(30.2)
		予想外になったことの伝達	22(78.6)	10(35.7)	16(45.7)	1(2.9)	23(36.5)	4(6.3)
		相手と同じモノをつくったことの伝達		3(10.7)		0(0.0)		0(0.0)
製作過程での交渉	主張	提案・教示・指定	5(17.9)	5(17.9)	10(28.6)	10(28.6)	22(34.9)	22(34.9)
	同調	確認		1(3.6)		9(25.7)		7(11.1)
		相手と同じモノを用いた遊びへの参加表明	1(3.6)	0(0.0)	9(25.7)	0(0.0)	18(28.6)	11(17.5)
合計			28(100.0)		35(100.0)		63(100.0)	

表5-6より，〈製作結果の伝達〉は，Ⅰ期では78.6％，Ⅱ期では45.7％，Ⅲ期では36.5％と比率が低くなっているのに対し，〈製作過程での交渉〉は，〈主張〉〈同調〉ともに比率が高くなっている。これより，学年開始期のⅠ期では，幼児が製作結果について他児に伝達する機能を持つ「見せる」行為の比率が高いのに対し，Ⅱ期，Ⅲ期では，何をどのようにつくるかという製作過程での交渉する機能を持つ「見せる」行為の比率が高くなると言える。

第4節　考察

本章では，共起する諸位相での相互作用のうち，特に身体的位相での相互作用に焦点を当て，製作場面における「見せる」行為の機能，すなわち，「見せる」側の幼児にとってのコミュニケーション機能を検討することを目的とした。「見せる」行為の機能や，「見せる」相手，時期に応じた機能の相違について検討した結果，以下3点が明らかになった。

第1に，製作場面に固有の「見せる」行為の機能を明らかにした。「見せる」行為は，乳児の前言語的行動として，指さし，提示，手渡しなどがひとまとめに扱われ，研究されてきた。これらの行動が原理的・理論的には異なることを示したやまだ（1987）は，提示（showing）行動は，乳幼児が「私の領域内のもの」を相手に見せる行動であり，「ものを通じて私を見せる，さらに私そのものを見てほしいという行動へと発展しやすい機構をもっている」（やまだ，1987，p.156）と述べている。しかし，本研究での「見せる」行為カテゴリーの作成と分類の結果，製作場面における「見せる」行為には，大きく分けて〈製作結果の伝達〉機能と，〈製作過程での交渉〉機能があり，〈製作結果の伝達〉機能の中で，《よくできたことの伝達》や《予想外になったことの伝達》では，上記のやまだの指摘と同様の関係図式が見られるが，《相手と同じモノをつくったことの伝達》では，「私」の領域にあるモノを見せるというより，モノを通じて相手の領域と自分の領域に重なりを創り，同

志的な関係をつくっていることが示された。さらに，〈製作過程での交渉〉機能では，やまだ (1987) の示す「提示の関係」ではなく，「やりとりの関係」が成り立つと考えられ，言葉を伴い，幼児の製作意図や遊びの意図を表す媒介となるモノが，交渉や対話を取り持ち，制御していたと考えられる。このときのモノは，「人間の欲求や意図を対象化したもので，認知的，情動的内容がすでに備わっている」人工物 (Wartofsky, 1979, p.204；Cole, 1996a/2002, p.168より引用) であり，行為者の「行為や信念の諸相を保存し伝達する上で中心的な役割」を果たす第二次水準の人工物 (Wartofsky, 1979) であると考えられる。つまり，斧やこん棒など，生産に直接用いられる第一次人工物に対し，言葉と組み合わされて，他者との協働やコミュケーションを制御するモノとなっている。以上より，製作場面の「見せる」行為においては，素材・道具・製作物といった人工物が，「見せる」側の幼児の心情や意図を保存し伝達することで，他者との関係やコミュニケーションを媒介し，〈伝達〉や〈交渉〉を可能にしていると考えられる。

　第2に，幼児が保育者に対してモノを「見せる」場合と，他児に対してモノを「見せる」場合では，タイミングや機能に異なる傾向があることが示された。保育者に対しては，製作後に，「見せる」行為を通して製作がよくできたことや予想外になったことを伝える比率が高い傾向にあった。他児に対しても同様に，〈製作結果の伝達〉を行ってはいるものの，「見せる」行為を通して製作方法などについて提案したり確認したりというように，「何をどうつくるか」について製作過程で交渉する比率が高い傾向にあった。〈製作結果の伝達〉と〈製作過程での交渉〉における幼児と他者との関係図式を踏まえると，保育者は，幼児にとって「私」や「私」そのものを見てほしい観客であると言える。幼児は，モノを通じて「私」に保育者の注目を引き寄せ，「私」を認めてもらうことで，承認感や達成感，満足感を感じると考えられる。製作場面においては，このような幼児と保育者のコミュニケーションが，製作を支える人的環境として重要であると言える。一方，モノを「見せる」

相手となる他児は，幼児にとって，「私」と対面し，折衝しながら合意に至ろうとする交渉相手の役割となる。モノが自分の領域にある場合は，自分の製作意図を主張するというかたちで，相手の領域にある場合は，相手の製作意図や遊びの意図に同調するというかたちで，協働製作や協働での遊びに至ろうとするコミュニケーションである。以上より，「見せる」行為では，相手との関係によって機能が異なることが示された。

第3に，幼児と他児との間で，一緒に過ごす時間の経過や，一緒に遊んだ経験が蓄積されるにしたがって，幼児間の関係における親密性が変化し，それに伴って「見せる」行為を向ける相手や機能が異なってくるという可能性が示された。学年開始期のⅠ期では，保育者にモノを「見せる」比率が高いのに対し，学年最終期のⅢ期には，保育者より他児に向けてモノを「見せる」比率が高くなっていた。このことから，学年開始期では，幼児にとっては保育者の注目を引き，「私」を認めてもらうことで，自信を強めると同時に，保育者との信頼関係を築くことがコミュニケーションの中心であったが，次第に，同年齢他児を友だちや遊び相手として認識し，友だちや遊び相手に「見せる」ことが多くなることが示された。さらに，幼児が他児に向けてモノを「見せる」行為に焦点を絞り，「見せる」行為の機能の時期ごとの特徴を検討した結果，学年開始期のⅠ期では，幼児が製作結果について他児に伝達する機能を持つ「見せる」行為の比率が高いのに対し，Ⅱ期，Ⅲ期では，「何をどのようにつくるか」という製作過程で交渉する機能を持つ「見せる」行為の比率が高くなっていた。このことより，幼児間の関係における親密性が変化するにしたがって，「見せる」相手である幼児が，観客という役割のみから，対面で交渉する相手でありパートナーの役割も担うようになると考えられる。以上より，幼児間の関係における親密性が，協働の質や相互作用の質を規定することが示唆された。

ただし，本章では，「見せる」行為の時期による相違が，どのような要因によるものかについては詳細に明らかにしていない。時間的経過に伴う変化

には，幼児間の関係における親密性の形成のほかに，自己主張と自己抑制といった自己調整能力の発達や，時期による保育者の教育的意図の相違といった要因が考えられる。今後は，上記の要因の同定も進めていくことが課題である。

　また，本章では，「見せる」行為を行った1時点での機能を検討したため，「見せる」行為により，その後，製作プロセスにどのような影響があったかについては検討していない。そこで，次章では，時系列に沿って幼児2名の事例を考察することにより，質的に検討する。

第6章　幼児間の関係性の変化に伴う
相互作用の機能と製作プロセスの時期的相違

　本章では，第5章に続き，身体的位相に焦点を当て，幼児が造形表現を行うプロセスにおける身体的位相での相互作用を分析する。具体的には，幼児が「見せる」という身体的動作に着目する。

第1節　本章の目的

　本章の目的は，幼児間の関係性の変化に伴う「見せる」行為の機能の相違を検討するとともに，「見せる」行為が「見せる」側の幼児と「見せられた」側の幼児の製作プロセスに与える影響を検討することである。
　「みてて」発話について検討した福﨑（2006）は，「みてて」発話は，未知の関係では生じず，既知の関係間を経て徐々に広がっていくことを示している。また，幼児間の相互作用と仲間関係に関する研究では，幼児が相手との関係における親密度に応じて相互作用の内容を変えていることが明らかにされている（本郷，1996；原，1995；高櫻，2013）。このことから，特定の幼児と一緒に過ごす時間の長さや回数の多さといった時間的経過に伴い，幼児間の関係の親密性も変化すると考えられ，その変化に応じて「見せる」行為の機能も異なると予想される。
　前章では，4歳児クラスで観察した全事例を対象としたが，本章では，年間で最も多く「見せる」行為が観察され，全3期で他児に向けて「見せる」行為が見られた抽出児2名に限定し，事例記述により，「見せる」行為の機能および製作プロセスの相違について考察する。抽出児の事例に限定し，時系列に沿って事例を記述することで，幼児と他児との関係性の変化に伴い，

幼児がモノを「見せる」行為の機能がどのように変化しているか，および，「見せる」行為が，製作プロセスにどのような影響を与えるのかを，製作物の変化と幼児の言動から，文脈に即して考察できると考える。

第2節　方法

研究協力者，観察の場面，観察記録の作成等は，第2章第2節で述べた通りである。また，時期の分類，「見せる」行為の相手，カテゴリーの作成と分類の手続きについては，第5章第2節と同様である。

1．抽出児の選定

研究協力者である4歳児2クラス56名のうち，1年間の観察期間中に，他児に向けてモノを「見せる」行為が観察された幼児は23名であった。

表6-1は，上記23名が行った他児宛ての「見せる」行為について，回数の多い順にまとめたものである。

この結果を踏まえ，年間で最も多く「見せる」行為が観察されたななこ，その次に多く観察されたりょうたを抽出児として選出した。ここで，ななこ，りょうた，および，ななこが4歳児クラスの1年間の中で共に製作する場面が多く見られたまきの3名のプロフィールを表6-2に示す。なお，3名とも3年保育の在園2年目である。

2．幼児がモノを「見せる」他児との関係による分類

幼児間の関係性の変化に伴う「見せる」行為の機能の時期的相違を検討するため，抽出児ななこ，りょうたがモノを「見せる」相手となる他児が，特定の他児かその場に居合わせた他児かにより分類した。特定の他児か，その場に居合わせた他児かの判断は，保育者のインタビューに基づき，前年度に同じクラスで共に遊んだ経験があるか，自由遊び時間に頻繁に一緒にいる姿

表6-1 幼児別の他児宛ての「見せる」行為の回数

名前[注)（性別）	Ⅰ期	Ⅱ期	Ⅲ期	合計
ななこ（女）	1	7	18	26
りょうた（男）	8	5	8	21
まき（女）	0	16	3	19
みわ（女）	0	0	7	7
えみ（女）	0	0	6	6
けんすけ（男）	2	0	4	6
そうすけ（男）	0	0	6	6
さえ（女）	5	0	0	5
みのり（女）	1	0	3	4
ゆういち（男）	0	4	0	4
ひろき（男）	0	0	3	3
もか（女）	3	0	0	3
かつや（男）	2	0	0	2
かいじ（男）	0	0	2	2
すずか（女）	0	0	2	2
せいや（男）	2	0	0	2
みさ（女）	0	2	0	2
こうた（男）	1	0	0	1
ごろう（男）	0	0	1	1
みなこ（女）	0	0	1	1
ゆき（女）	1	0	0	1
りょうへい（男）	0	1	0	1
れいじ（男）	0	0	1	1
合　　計	26	35	65	126

注）名前はすべて仮名である。

146 第Ⅱ部　製作における幼児間の相互作用の諸位相

表6-2　抽出児のプロフィール

名　前 （仮名）	性別	誕生月	観察時月齢	「見せる」行為の 年間回数（Ⅰ期 ／Ⅱ期／Ⅲ期）	保育者のインタビューに基づく プロフィール
ななこ	女	8月	4歳7ヶ月～ 5歳6ヶ月	26回（1/17/18）	控え目だが，仲の良い友だちには自分の意見を強く言うこともある。普段はあまり自信がない様子だが，製作することが好きで，つくることが自信になっている。「先生，見て」とよく見せに行く。
りょうた	男	9月	4歳6ヶ月～ 5歳5ヶ月	21回（8/5/8）	知っている友だちとだけ遊ぶことが多く，思い通りに行かないとぶつかることもある。4歳児クラスになって，友だちとの関係ができてきた。電車が好きで，電車関連の話題で友だちと話したり遊んだりしている姿がしばしば見られる。
まき	女	4月（早生まれ）	4歳0ヶ月～ 4歳11ヶ月	19回（0/16/3）	月齢が低いため，色々なことのできる友だちに憧れ，友だちと同じことをすることで安心する面がある。ななこと同じく，普段はあまり自信がない様子で，一斉活動の描画では「描けない」と泣くこともあるが，自由遊び時間に製作することは好きな様子である。

が確認されるかを基準とした。

第3節　幼児間の関係性の変化に伴う「見せる」行為の機能と製作プロセスの時期的相違

1．幼児がモノを「見せる」相手の分析

　抽出児のななことりょうた，および両者それぞれと製作する場面が見られたまきがモノを「見せる」相手が特定の他児かその場に居合わせた他児かにより分類し，時期ごとの回数を示したのが図6-1，図6-2である。

　図6-1より，ななこはⅠ期には，その場に居合わせた他児に1回のみモノ

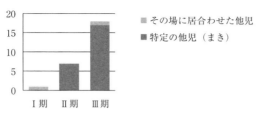

図6-1　抽出児ななこがモノを「見せる」相手に関する時期別回数

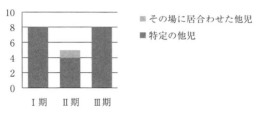

図6-2　抽出児りょうたがモノを「見せる」相手に関する時期別回数

を見せていたが，Ⅱ期，Ⅲ期には特定の相手であるまきにモノを「見せる」ことが多くなり，時期を経るにつれ，「見せる」行為の回数も増えている。図6-2からは，りょうたがモノを「見せる」相手は，Ⅰ期，Ⅱ期，Ⅲ期を通してほとんどが特定の他児であることがわかる。Ⅰ期，Ⅱ期ともに，りょうたが一緒に製作し，モノを見せている相手は，前年度に同じクラスで親しい関係にあった女児であった。このことから，抽出児2名の場合には，幼児がモノを「見せる」のは，知らない相手ではなく，遊ぶ経験を共有したことがあったり，よく一緒に遊ぶ幼児が多く，すでに親しい関係を築いている相手にモノを「見せる」ことが多いことが示された。

2．抽出児2名の「見せる」行為および製作プロセスの時期別の特徴の分析

次に，「見せる」行為の時期的相違および「見せる」行為により生じる製作プロセスについて検討するため，抽出児2名の事例（事例1〜6）を取り上げ，文脈に即して考察する。表6-3に，抽出児2名および両者と一緒に製

表6-3 抽出児の他児宛ての「見せる」行為カテゴリーに関する時期別回数

「見せる」行為カテゴリー			ななこ（年間合計26回）			まき（年間合計19回）			りょうた（年間合計21回）		
			I期	II期	III期	I期	II期	III期	I期	II期	III期
製作結果の伝達	よくできたことの伝達		0	0	9	0	6	1	2	3	1
	予想外になったことの伝達		0	0	0	0	0	1	1	0	0
	相手と同じモノをつくったことの伝達		1	0	0	0	0	0	0	0	0
製作過程での交渉	主張	提案・教示・指定	0	7	9	0	2	0	4	1	2
	同調	確認	0	0	0	0	8	1	1	1	1
		相手と同じモノを用いた遊びへの参加表明	0	0	0	0	0	0	0	0	4
期ごとの合計			1	7	18	0	16	3	8	5	8

作することのあったまきを合わせた3名の各時期における他児宛ての「見せる」行為カテゴリー回数を示し，事例考察で参照する。

（1）抽出児ななこの3事例

1-1）「見せる」行為を通して相手と同じモノをつくったことを伝え，経験を共有するⅠ期

事例1 「同じだね」 7月12日

製作テーブルに，ななこが来て，折り紙を折り始める。その隣に，みのりが来て，ななこと並んで立つ。ななこは半透明のシートを取り，シートを筒状にくるくると巻くと，真ん中をテープで止め，「リボン」をつくる。みのりは，ななこのつくり方を見ながら同じように「リボン」をつくる。ななこは「リボン」を次々とつくり，自分の服に貼っていく。a)みのりは，自分でつくった「リボン」を手首に貼り付け（☞），ななこににこにこしながら見せる。b)すると，ななこは，服に貼った自分のリボンをみのりに見せ（☞），みのりと目を合わせ，うなずきながら「同じだね」と言う。そして，ななこが保育者に向かって，大きな声で「みのりちゃんと，アイドルごっこする」と言うと，保育者は「そうなの。いつものやつね」と答え，ななこやみのりと一緒にいすで舞台をつくり，音楽をかける。ななことみのり

第6章　幼児間の関係性の変化に伴う相互作用の機能と製作プロセスの時期的相違　　149

は舞台に立ち、観客役の幼児たちの前で「みなさーん、こんにちはー」と元気にあいさつし、歌ったり踊ったりする。(遊び)
(a)〈製作結果の伝達〉《相手と同じモノをつくったことの伝達》、(b)〈製作結果の伝達〉《相手と同じモノをつくったことの伝達》

注：事例の中に、幼児がつくった製作物の図を示す。事例中の囲み部分は「見せる」行為、波線部は「見せる」行為を通して生起した製作、下線部は「見せる」行為を通して生起した遊びであることを示す。また、事例記述の後に、「見せる」行為カテゴリーの分類を示す。

　事例1で、みのりは、ななこが「リボン」をつくっているのを見て模倣し、同じように「リボン」をつくっている。しかし、製作途中の段階では、モノを見せたり言葉でのやりとりは見られず、囲み部分(a)(b)のように、製作後に同じモノをつくったことをお互いに伝達し、一体感を感じていると考えられる。Ⅰ期は、抽出児ななこに限らず、そのときの興味に応じて遊ぶ相手が変わることが多かった。そのため、そのときにその場に居合わせた他児に製作物を「見せる」ことで、相手と経験を共有し、一体感を感じ合う姿が見られた。ななことみのりは、「リボン」を互いに身につけていることから、よく着飾ってやっているアイドルごっこをしようと思いついた様子で、保育者にアイドルごっこをすると告げている。ここでは、最初から幼児同士でアイドルごっこをするという目的は共有されていなかったものの、同じモノをつくり、同じモノを身につけていること、それを見せ合うことで相手との一体感が生まれ、即興的に「つくったモノを使用する遊び」へと展開したと考えられる。

1-2) 同じモノをつくるために、「見せる」行為を通して交渉するⅡ期

事例2　「こうするんだよ」「こう？」　12月6日

　ななことまきは、保育者が始めたペープサートの劇に見入っていたが、じきに、ななこだけその場を離れ、製作テーブルの方に行く。ななこは紫色のビニールシートを取ると、(c)「まきちゃん、これ、つくんない？こういう風にさ」と言って、ビ

150　第Ⅱ部　製作における幼児間の相互作用の諸位相

ニールシートを持ち上げる。しかし，まきが劇をみ続けていたため，[d]「まきちゃん，ちゃんと見て」と言って，まきの肩を後ろからつかみ，自分の方へと向ける。[e]ななこは「こうやってね，ぎゅっとしてね」と言いながら，紫色のビニールシートをくるくると巻いて両側から引っ張るところ（／）をまきに見せる。まきは，ななこの言うとおりにし（**模倣**），[f]ななこの目の前に差し出して「こうですか？こう？こう？」ときく（／）。[g]ななこは「そう。こういうふうにして，ペタッとやるの」と言い，黄色のビニールシートを紫色のビニールシートを巻いたものに合わせ，貼るしぐさを見せる（✗）。[h]まきは「こう？これならいいかな，ななこちゃん」と言う（✂）が，ななこは，まきの製作物を見て[i]「大きいからだめだよ。これくらいの小さいのじゃないとだめだよ」と言って，手に持っているビニールシートを見せる（✗）。ななこが「これくらいじゃないと，お弁当終わった後，プリキュアごっこできないけど，いい？」と言うと，まきが「やだ」と言う。ななこは「じゃ，ちいちゃいのをつけるのでがまんして」と言うと，[j]まきは「じゃ，つけるね。こう？」（**模倣**）と言って（✗），ななこの目の前に製作物を差し出す。ななこは「そう」と言う。そして，二人は製作物を持って，外に出ていく。
(c)〈製作過程での交渉〉：《提案・教示・指定》，(d)〈製作過程での交渉〉：《提案・教示・指定》(e)〈製作過程での交渉〉：《提案・教示・指定》，(f)〈製作過程での交渉〉：《確認》，(g)〈製作過程での交渉〉：《提案・教示・指定》，(h)〈製作過程での交渉〉：《確認》，(i)〈製作過程での交渉〉：《提案・教示・指定》(j)〈製作過程での交渉〉：《確認》

　Ⅱ期以降は，ななことまきが一緒に製作する場面が4場面観察され（Ⅱ期2場面，Ⅲ期2場面），製作場面以外でも自由遊びの時間にはほぼ毎日一緒に遊ぶ関係であった。Ⅱ期およびⅢ期では，ななこの他児への「見せる」行為のほとんどがまきに向けられたものであったことからも（Ⅱ期・Ⅲ期計25回中24回），ななことまきは特定の遊び仲間であったことがわかる。Ⅱ期では，事例2に見られるように，「見せる」行為を通してななこは自分の意図を主張し（Ⅱ期計7回中7回），一方のまきは相手の意図を確認し，相手の製作物の模倣をしながら製作を進めていた（Ⅱ期まき→ななこ9回中8回）。ななことまきの間で，一方が教え，他方が教わるという関係ができていたと言える。

Ⅱ期では，ななことまきの間で，「見せる」行為を通して〈製作結果の伝達〉をする事例は見られず，同じモノをつくるために〈製作過程での交渉〉をする事例がほとんどであった。Ⅱ期では，「見せられた」側が「見せた」側の幼児の製作を模倣するという形で，製作が行われていたと言える。また，同じようにつくらないと遊びに入れてあげないという発話から，製作物の異同が遊びの仲間入りを認めるかどうかの判断に結びつくものであると考えられる。

1-3) 「見せる」行為を通して相手の製作物との相違を明示するⅢ期

事例3 「まきちゃんよりすごいのつくる」 3月13日

ななことまきは，製作テーブルの前に立ち，折り紙を折っている。まきは，「次，何折ろうかな。そうだ，星折ろう。星は最初は三角だっけ。三角だと思うなー」と言って折り始め（△），「こうして，こうだ」とつぶやきながら折る。ななこがそれを見て，「ああ，そうじゃなくて」と言うと，(k)まきは「こうなの？」と言って，新しい折り紙を取り，ななこと同じように折る（△）（**模倣**）。ななこは「それで，折り目をつけたら」と言って，三角に折った折り紙を開くが（☒），折り方がわからなくなってしまう。すると，まきが「切ってみようかな」と言って，はさみをもつ。ななこはそれを見て，「あ，そうだ」と言って，はさみをもち，折った折り紙を切って「切れた」と言う（▽）（**模倣**）。その後，まきは，「面白いのをつくっちゃおう」とウキウキした様子で言い，新しく折り紙で折り始める。まきは思いつきで折り続け，「こうやると，わ，すごーい」と言う（△）。ななこは，まきの折り紙を見ながら，同じように自分の折り紙を折り（**模倣**），最後にまきとは違う折り方をして，(l)折ったものをテーブルの上で滑らせるように動かし「まきちゃーん」と言って，見せる（▱）（**ずらし**）。まきは「魚？」ときくが，すぐに自分の製作に戻り「折り目に沿って」とつぶやきながら折る。ななこが「何それ？」と聞くと，まきは楽しそうに「折ったら，こうなっちゃった」と言って笑う。そして，折り紙でつくった製作物とビニールシートでつくったリボンを合わせ，(m)ななこに向けて差し出しながら，「ねぇ，ななちゃん，見て。ほら」と言って見せる（♡）。ななこはそれを表から裏から見ると，素材かごをあさり「じゃ，

ななこは，まきちゃんよりすごいのつくるから」と言う。まきは，新しい折り紙を取り，「まきは三角に折って」と言って折り始めると，ななこはまきの手元を見て，思いついた様子で，「ああ，三角でネコつくろうっと」（模倣）と言う。すると，まきがななこの手元を見る。そして，(n)ななこは製作物をまきに見せ，「ねぇ，見て，ネコー」とにっこりして言う（🐱）。（ずらし）まきはそれを見て，すぐに自分の製作に戻る。
(k)〈製作過程での交渉〉:《確認》，(l)〈製作結果の伝達〉:《よくできたことの伝達》，(m)〈製作結果の伝達〉:《よくできたことの伝達》，(n)〈製作結果の伝達〉:《よくできたことの伝達》

　ななことまきの関係性について，担任保育者は，いつもまきがななこと同じモノをつくっていることが気になっていたが，月齢が低くあらゆることに自信のなさが感じられたまきにとっては，相手と一緒のモノをつくることで安心するという面があったようだ，と述べている。ただし，事例4の観察された日の3日前，ななことまきは初めてけんかをし，それ以来関係性が変わってきているのを感じるとのことであった。事例3にも2人の関係性の変化が反映されており，ななこのつくるモノをまきが模倣することはあるものの，まきはまきで自分の好きなモノをつくっている。囲み部分(m)では，ななこに対して「見て」と言い，自分の製作物を見せて伝達している。見せられたななこも，それを見て刺激を受け「まきちゃんよりすごいのつくる」と言って，自分の製作に取り組んでいる。ここでは，いつもななこと同じモノをつくり，それで安心していたまきが，ななことはちがうものを自分でつくり，ななこに見せ，自己主張している姿が見られる。その中で，まきとななこは，「見せる」行為を通して意図を伝えたり，相手の意図を確認して模倣するだけでなく，同じ素材を用いながらも相手とは異なるモノをつくろうとする「ずらし」の製作を行うようになっている。お互いに自己主張できる関係性になったことで，相互に見せ合い，その「見せる」行為がきっかけとなり，見せられた幼児が他児の表現に触れ，その表現から新たなアイデアを採り入れて自

分の表現をするというように，「見せ合う」ことで，両者に「模倣」と「ずらし」という表現の触発が生じていると言える。

　以上，前後の文脈に即した抽出児ななこの事例分析より，ななこの3事例では，時期ごとに，「見せる」行為を通して経験の共有，製作方法の交渉，製作物の差異の明示という相違が見られ，製作物の異同が重要な意味を持っていた。また，Ⅱ期以降では，特定の他児との製作が中心となっており，Ⅱ期は一方的な「教える―教えられる」という関係で，同じ製作をすることを目的に「見せ」合っていたが，Ⅲ期では自己主張しあえる関係のもと，それぞれが自分の製作物について伝達し，相手との差異を明示する中で，相手のアイデアを採り入れ，新しい表現が生成していた。

（2）抽出児りょうたの3事例

2-1)「見せる」行為を通して予想外になったことを伝え，発見を共有するⅠ期

事例4　「ゆきちゃんも」　5月31日

　製作テーブルで，ゆきとりょうたが「おかしつくらないと」と言っている。りょうたは，素材かごからチラシを取ると，重ねてはさみで切り，切った紙きれを空き箱の中に入れていく（🗃）。りょうたは「ゆきちゃんも同じやつつくって」と言うが，ゆきは「つくれないよー」と言う（🖐）。(o)りょうたは，ゆきに「こうやってね，見てて」と言いながら，チラシをはさみで切る。それを見ていたゆきも同じようにする（**模倣**）。(p)りょうたは，手でチラシを破って，「うわ，長くなったよ，ほら」と言ってゆきに見せる（✋）。ゆきは，それを見て，にこっと笑い，(q)自分も同じように紙を破って「ゆきちゃんも」と言って，りょうたに見せる（✓）（**模倣**）。
(o)〈製作過程での交渉〉：《提案・教示・指定》，(p)〈製作結果の伝達〉：《予想外になったことの伝達》，(q)〈製作結果の伝達〉：《相手と同じモノをつくったことの伝達》

　前年度同じクラスだったりょうたとゆきは，学年開始期のⅠ期でも，すで

に親しい関係にあり，よく一緒にいる姿が見られた。事例4では，つくっている最中に，りょうたがゆきに同じモノをつくるように求めている。相手と同じモノをつくりたいという気持ちは，囲み部分(o)で，りょうたがつくり方を教示する形で自分の意図を相手に伝えていることにも表れている。そして，囲み部分(p)では，素材に手を加えたところ予想外の結果になったことを，一緒に製作している相手に見せている。この「見せる」行為には，自分の経験や発見を相手と共有し，楽しみたい面白がりたいという意図があると考えられる。その応答では，囲み部分(q)のように，「見せられた」幼児も相手の製作物の模倣を行い，製作物を見せて同じモノをつくったことを伝達している。このような「見せる」行為は，相手と一緒に製作しているという一体感を表し，共有するものと考えられる。

2-2)「見せる」行為を通して製作方法について交渉し，相手と競い合うⅡ期

事例5　「もっと多くなったよ，ほら」　10月15日

製作テーブルで，ななことまきが誕生日カードをつくっていると，それを見たりょうたもつくりはじめ，(r)まきとななこに「こんなカード？」と言って見せる（◯）が，まきに「ちっちゃ」ななこに「ちっちゃすぎ」と言われる。(s)まきは，自分のつくったカードを見せながら，「名前はこんなのですよー」と言う（5のまま図）。りょうたはまきに「あとで一緒に遊ぼう」と言うが，まきは「そんな生意気言うんだったらね」と答える。りょうたは「そう言う自分が生意気だよ」と言い返す。そのうち，まきが紙を切り，紙きれを容器に入れて，上下に振り音を聴いている（▭）。それを見たりょうたも同じようにして（**模倣**），にこにこしながらまきのところに行き，(t)「じゃじゃーん」と言って中身を見せる（▭）。しかし，まきはそれに答えず，(u)すぐに「ほら，みーて」と言って，自分の容器の中身を見せる。りょうたは「ずるーい」と言いながら，ちぎったチラシを容器の中に入れて「もっと多くしちゃうよー」と言うと，まきも，「いいの，私だって多くなっちゃうわ」と楽しげに言う。そして，(v)「まきの方がもっと多くなったよ。ほうらねー」と言って見せる。

第6章　幼児間の関係性の変化に伴う相互作用の機能と製作プロセスの時期的相違　　155

(r)〈製作過程での交渉〉:《確認》, (s)〈製作過程での交渉〉:《提案・教示・指定》, (t)〈製作結果の伝達〉:《よくできたことの伝達》, (u)〈製作結果の伝達〉:《よくできたことの伝達》, (v)〈製作結果の伝達〉:《よくできたことの伝達》

　保育者によると，りょうたとまきは，異なるクラスに属しているものの，前年度同じクラスに属していたため，クラスの枠を越えて共に遊ぶ様子が頻繁に見られた。すでに製作をしているまきとななこに対して，りょうたは 囲み部分(r) のように，製作物を「見せる」行為を通して相手の意図をうかがい確認している。このような「見せる」行為は，自分も同じ製作をすることを伝え，製作の仲間入りをする働きを持つと考えられる。ななこに対しては，あまり主張しないまきも，りょうたに対しては 囲み部分(s) のように自分の製作物を見せびらかして教示・指定したり，「生意気」と言い合える関係にある。このような関係の中で， 囲み部分(t)〜(v) では，製作物を見せ合い，容器の中に入れた素材はどちらが多いかを相手と競い合うように伝達し合っている。ここでは，ただよくできたことを伝達するだけでなく，特定の相手と同じことをしているという安心感の中で自慢したり，相手を意識し自分が優れていることを示そうとしていると考えられる。

2-3)「見せる」行為を通して遊びへの参加を表明するⅢ期

事例6　「切符です」　3月13日
製作テーブルの横のダンボールが置いてあるところで，かいじがダンボールを切り，切ったダンボールの中に入って，にこにこして歩いている（🧍）。りょうたも，道具棚へ行き，ダンボールカッターをもってきて，すでにダンボールを切っていたひろき，そうすけの隣に行く。近くにいた保育者が「何つくるの？」と訊くと，りょうたたちが同時に「電車」と答える。りょうたたちは，ダンボールにガムテープを貼ると，製作テーブルに行き，紙にマジックで何かかき始める。かいじはかきおわると， (w)りょうたたちの方にピンクの色画用紙の紙片にかいたものを見せ，

156　第Ⅱ部　製作における幼児間の相互作用の諸位相

>「切符。この切符じゃないとだめだ」と言う（3.13）。そうすけとりょうたは，かいじの差し出したものを見る。かいじは，その後保育者に「切符」を見せに行く。保育者が「ちゃんと日付がついているね」と答えると，それを聞いたりょうたも，ピンクの色画用紙にマジックで数字をかき（模倣），(x)かいじに見せ，「切符です」と言う（1/15）。そうすけも同じようにして（模倣）(y)「数字は何でもいいから切符です」と言って差し出す（ 2/16 ）。かいじは，ダンボールの中に入り，自分の後ろにひろきを入れてすり足で進み，保育室を一周する。そして，りょうた，そうすけも同じようにして順番に乗せ，電車ごっこをする（遊び）。
>(w)〈製作過程での交渉〉：《提案・教示・指定》,(x)〈製作過程での交渉〉：《相手と同じモノを用いた遊びへの参加表明》,(y)〈製作過程での交渉〉：《相手と同じモノを用いた遊びへの参加表明》

　事例6では，クラスの遊び仲間たちが，製作が得意な幼児を中心に遊びと製作を交互に行っている。ダンボールを電車に見立てて電車ごっこをしている幼児たちは，「切符」が必要と考え，すぐに製作テーブルでつくりはじめる。それぞれが思い思いの切符をつくるが，囲み部分(w)でかいじが自分の製作物を見せて「切符」を指定すると，それを見た他の幼児もかいじの「切符」を模倣する。その際，「切符」を保育者に見せ，保育者が日付がついていることを言葉にして認めることで，周囲の幼児も「切符」には日付がついていることを理解し，模倣して数字をかいているものと考えられる。「見せる」行為には，直接「見せる」相手だけでなく，「見せる」相手（特に保育者）を仲立ちに，製作物の特徴を間接的に周囲に伝えるような働きもあると考えられる。囲み部分(x)(y)では，りょうたや他の幼児たちも，かいじと同じような「切符」をつくり，かいじに差し出している。ここで「切符」を差し出すときの「見せる」行為は，相手の製作物を模倣し，相手の意図への同調を表すことで，遊びへの仲間入りをしたいという意思表示となっている。事例6では，製作から「つくったモノを使用する遊び」へと展開し，その遊びに必要なものをつくり，また遊びへと戻っていくというように，遊びと製作が循環するように行われている。

前後の文脈に即した抽出児りょうたの事例分析より，りょうたの3事例では，時期ごとに，「見せる」行為を通した経験の共有，製作方法の交渉と競い合うための伝達，遊びへの参加表明という相違が見られ，いずれも相手と同じ製作物であることが，幼児にとって重要な意味を持っていた。そのため「見せる」行為の前後で他児の模倣が観察された。

以上，抽出児2名の事例分析より，Ⅲ期では，製作物を「見せる」行為を通して，性質の異なる製作が生じていた。すなわち，ななこの事例では，同じ素材や同じ方法を使いながらも相手と異なるものをつくろうとする「ずらし」の製作が行われていたのに対し，りょうたの事例では，製作と製作物を用いる遊びが循環するように行われ，遊ぶために相手の模倣をしてつくる製作が生じていた。

第4節　考察

本章では，幼児間の関係性の変化に伴う，幼児の「見せる」行為の時期的相違と「見せる」行為により生じる製作プロセスについて検討してきた。その結果，以下3点が明らかになった。

第1に，幼児同士の「見せる」行為は，親しい関係にある幼児同士で交わされることが多く，親しい関係の幼児間でも，その関係の性質の変化に伴い，「見せる」行為を通して生じる製作プロセスに相違が見られることが示された。抽出児ななこの事例では，時期ごとに，「見せる」行為を通して経験の共有，製作方法の交渉，製作物の差異の明示という相違が見られ，製作物の異同が重要な意味を持っていた。Ⅱ期は，特定の遊び相手との間で，一方的な「教える─教えられる」という関係ができ，同じ製作をすることを目的に「見せ」合っていたが，Ⅲ期では互いが自己主張できる対等な関係のもと，それぞれが自分の製作物について伝達し，相手との差異を明示する中で，相手のアイデアを採り入れ，新しい表現が生成していた。Ⅱ期でも，幼児間で

同じモノをつくるという共通のゴールを目指していたものの，一方が他方の製作意図に同調し，自分の意図を主張することはなかった。しかし，Ⅲ期では，互いが自己主張し，自分の製作意図を相手に伝えていた。このように，一人ひとりがそれぞれに固有の視点を備えていることを認め合う関係性のもとで，幼児は，自分と相手の視点の違いに気づき，相手の製作方法を採り入れ，自分の表現にしていくことができると考えられる。幼児期の製作において，共通のゴールに向かいながらも，自他の視点の違いに気づき，それを生かして協働するためには，一人ひとりがそれぞれに固有の視点を備えていることを認め合う関係性が基盤となる可能性が示唆された。幼児間の関係においては，ただ特定の相手と遊ぶ親しい関係をつくればいいというのではなく，その特定の関係の中で，一人ひとりの固有の視点を相互に尊重するという対等性が，協働の質や製作における相互作用の質に影響を与えることが示された。

　第2に，モノが媒介となり，「つくったモノを使用する遊び」への展開が見られるのは，本章の事例では，幼児間の親密な関係性が形成されてからであるということが示された。抽出児りょうたの事例においては，学年最終期に，幼児が「見せる」行為を通して《相手と同じモノを用いた遊びへの参加表明》を行ない，製作から「つくったモノを使用する遊び」へと展開していた。すなわち，遊びに必要なものをつくり，また遊びへと戻っていくというように，遊びと製作が循環するように行われていた。学年最終期は，1年間の中でも，同じクラスの他児と共に過ごす時間や一緒に遊ぶ経験の蓄積，どのように振舞えば友達と順当に遊べるかといった暗黙のルールの了解により，幼児間の関係性が成熟してくる時期であると考えられる。その点を考慮すると，製作場面におけるモノは，「見せる」側の幼児の「行為や信念の諸相を保存し伝達する上で中心的な役割」を果たす第二次水準の人工物（Wartofsky, 1979）であると言えるが，そのモノを媒介に，現実の制約から切り離された自由遊びにおける想像上の意味世界（第三次人工物）が構築されるのは，

第6章 幼児間の関係性の変化に伴う相互作用の機能と製作プロセスの時期的相違

幼児間の成熟した関係性が基盤となってのことであると考えられる。

このように，第二次人工物であるモノを媒介に，現実の制約から切り離された遊びの意味世界（第三次人工物）を創造することは，製作を遊びとの関連で捉え，遊びを通した総合的な指導を行う日本の造形表現教育において，重要な活動であると言える。ただし，本章では，幼児の個人差を考慮に入れた検討はしていない。造形表現においては，幼児の「表現スタイル」に個人差があることが明らかになっており，幼児間の関係性だけではなく，幼児の個性によっても，協働や相互作用の質は異なることが予想される。そこで，次章では，個人差を考慮に入れ，幼児が想像上の意味世界を構築するプロセスを，言葉で製作目的を共有するプロセスとして検討することとする。

第7章 製作における言語的位相での相互作用

　本章では，共起する相互作用の諸位相の中でも，言語的位相に焦点を当て，他児との言語的位相での相互作用を通して幼児が造形表現を行うプロセスを分析する。

第1節　本章の目的

　本章の目的は，製作目的の言葉での共有に着目し，製作における「つくる」活動と「つくったモノで遊ぶ」活動の展開プロセスを検討することで，幼児が製作物を媒介に，現実世界とは相対的に自立した想像上の意味世界（第三次の人工物）を構成するプロセスを明らかにすることである。その際，幼児の個性に応じて製作目的の共有プロセスにどのような違いが見られ，製作目的を共有する際の言語的・非言語的相互作用のあり方がどのように異なるのかを検討するため，「表現スタイル」の嗜好が異なると想定される幼児2名を抽出児として分析する。

　第1章第5節で示したごっこ遊びや造形表現に関する先行研究の知見の整理より，製作における意味生成や，モノ・他児との相互作用については，時期により，以下のような相違があることが予想される。

　第1に，ごっこ遊びに関する先行研究では，モノの見立てに関して，はじめはモノの視覚的・物理的特徴に規定された見立てが主流であるが，9月頃には遊びのストーリーに沿って，モノの視覚的・物理的特徴に依存せず見立てを行っていたという指摘があった（宍戸ほか，1995；秋田・増田，2001）。製作においても，学年開始当初はモノの視覚的・物理的特徴から見立てが生じ，そのつくられたモノに応じて遊びが生じ，「つくったモノで遊ぶ」目的を幼

児間で共有していくものと考えられるが，9月以降には，自分のやりたい遊びの目的が先にあり，そのために必要な道具としてモチーフを思いつき，そのモチーフを実現するためにモノを選ぶという方向で製作が進むことが予想される。ただし，製作においては，幼児が嗜好する「表現スタイル」（槇，2003）には個人差があることが明らかになっている。モノと探索的・創発的にかかわることを好む幼児は，9月以降であっても，モノの視覚的・物理的特徴に応じて遊びが生じ，「つくったモノで遊ぶ」目的を幼児間で共有していくということが予想される。

第2に，ごっこ遊びにおけるモノや他児との相互作用の先行研究では，遊びをストーリー化していくためにはイメージの共有が必要となるため，遊びのストーリー化が見られる時期（9月以降）には言語的な行動とともに非言語的な同調的行動が増加すること（宍戸ほか，1995），当初は非言語的行動を通して「役」が生成・成立していたのに対し，9月以降は言語行動の発現によって「役」に関して宣言・意見調整・合議を行っていたことが明らかにされている（秋田ほか，2001）。このことから，製作においても，時期により言語的・非言語的な相互作用が異なることが予想される。

そこで，本章では，「表現スタイル」の嗜好が異なると想定される幼児2名の9月以前と9月以降の事例を分析することにより，幼児の個性に応じて製作目的の共有プロセスにどのような違いが見られ，製作目的を共有する際の言語的・非言語的相互作用のあり方がどのように異なるのかを検討する。

第2節　方法

観察の場面，観察記録の作成等は，第2章第2節で述べた通りである。本章での分析の手続きは，以下の通りである。

1.「表現スタイル」に応じた抽出児の選定

　本章では，表現スタイルの嗜好が異なると想定される幼児を抽出児とし，個人差により，時期に応じて「つくる」活動と「つくったモノで遊ぶ」活動の展開に相違が見られるのかを検討する。

　第1章第3節で述べた通り，槙は，幼児の造形表現に見られる「表現スタイル」を3つのタイプに分け，その「表現スタイル」への嗜好性の偏りやバランスを考慮することが，幼児の造形表現の支援の方略を構想する手がかりとなると述べている（槙，2003；槙，2004）。槙（2003）が示した，「表現スタイル」の3つのタイプを表7-1に再引用する。

　槙は，約5年にわたるアクションリサーチの結果，表現活動の個性の典型には，モノ志向で視覚的，人志向で言語的，自己感覚志向で身体的という3タイプがあるとしている。さらに，槙は，幼児の発達は，主体的な遊びの中で実現することから，3つの「表現スタイル」における優位な感覚・表象，遊びの好み，場・活動の嗜好，製作物の特徴の相違を，表7-1のように構想している。

　本研究で観察した事例において，上記3つの「表現スタイル」への嗜好の偏りが見られたけんすけとななこのプロフィールを表7-2に示す。造形表現の特徴に関するプロフィールは，保育者によるインタビューに基づき作成した。

　表7-2より，けんすけは，「最初につくりたいという思いがある」ことか

表7-1　「表現スタイル」の3つのタイプとその特性（槙，2003, p.82）

	■ものタイプ	▲感覚タイプ	●状況タイプ
かかわりの志向性	もの（環境）	自己（身体）	ひと（仲間）
作ろうとするもの	形（もの）	自己イメージ	関係性（状況）
優位な感覚・表象	視覚・映像的表象	身体，触覚，音・動作的表象	言語・象徴的表象
遊びの好み	製作・構成	感覚・運動・リズム・遊具	ごっこ・ゲーム
場・活動の嗜好	創造	安定・表出・探索・参加	想像
製作物の特徴	具体的・創作的・再現的	感覚的・創発的	目的的・利用的

表7-2　抽出児2名のプロフィール

名　前 (仮名)	性別	観察時月齢	保育者のインタビューに基づく抽出児の造形表現の特徴	想定される 「表現スタイル」
けんすけ	男	4歳8ヶ月〜 5歳7ヶ月	「けんすけくんは，最初につくりたいという思いがあって，それをつくっていく感じですね。つくったら，その後にはあんまり興味がないという感じで。モノをつくること自体が楽しいというような」	ものタイプ
ななこ	女	4歳7ヶ月〜 5歳6ヶ月	「たぶん，ななこちゃんは，けんすけくんみたいに最初からつくりたいものがあるんじゃなくて，素材をみたり，素材をいじったりするうちに，どんどん思いつくんだと思うんです。(中略)たぶん，ななこちゃんも，(一緒によく製作している)まきちゃんも，二人とも自信がない。でもつくっていることは自信になっていて，ななこちゃんはつくることが好きで，「先生，みて」とよく言ってくるんです。こないだは，何かをつくってたんですけど，それがひもで引っ張ることもできるんだってことをすごく言ってきて。」	感覚タイプ

ら，つくろうとするものは「形（モノ）」であり，「視覚的・映像的表象」が優位な造形表現を行っていると考えられる。「モノをつくること自体に興味」という特徴からも，「創造」する活動を好んでいると言える。このような特徴から，けんすけは，槇の提示した3つの「表現スタイル」のうち，「ものタイプ」の傾向が強い幼児であると想定される。一方，ななこは，「最初からつくりたいものがあるんじゃなくて，素材をみたり，素材をいじったりするうちに，どんどん思いつく」という造形表現の特徴から，「感覚的・創発的」という製作物の特徴があり，「探索・参加」といった活動を好む幼児と考えられる。また，「自信がない。でもつくっていることは自信になっていて，『先生，みて』とよく言ってくる」という特徴から，「安定・表出」といった場・活動を好む幼児と言える。さらに，「こないだは，何かをつくってたんですけど，それがひもで引っ張ることもできるんだよってことをすごく言ってきて」というやりとりがあったことから，「身体・動作的表象」が優

位な感覚・表象であると推察される。以上より，ななこは「感覚タイプ」の傾向が強い幼児であると想定できる。

槇の提示した3つの「表現スタイル」のうち，「状況タイプ」については，そのタイプの傾向が強いと同定できる幼児がいなかったため，本章では，上記の「ものタイプ」と「感覚タイプ」の傾向が強い幼児として，それぞれ，けんすけとななこの2名を抽出児に選定し，分析を行う。

2．分析対象事例の選定

製作目的を共有するプロセスに時期による相違が見られるのかを検討するため，1年をⅠ期（4月～7月），Ⅱ期（9月～12月），Ⅲ期（1月～3月）に分けた。この3期に分けた理由は，第6章第2節と同様である。この全3期において，けんすけの事例は，Ⅰ期2事例（観察日4/11，6/5）Ⅱ期0事例，Ⅲ期1事例（3/10）の計3事例が観察された。ななこの事例は，Ⅰ期1事例（7/12），Ⅱ期2事例（12/6，10/15），Ⅲ期2事例（3/7，3/13）の計5事例が観察された。本章では，「表現スタイル」の相違という幼児の個人差により，製作目的の共有プロセスが時期によってどのような相違を見せるのかを検討するため，同一幼児の発達の差が大きいと考えられるⅠ期とⅢ期の事例を分析対象事例とする。すなわち，抽出児けんすけのⅠ期とⅢ期の事例の2事例，抽出児ななこのⅠ期とⅢ期の事例の2事例，計4事例を分析対象事例とする。

3．分析の手続き
（1）分析の3つの水準

第2章第1節で述べたAsh（2007）の方法に基づき，事例の文脈を考慮して分析を行うため，事例を3つの水準で記述する。3つの水準とは，「流れ」（Flowchart），「重要な出来事」（Significant Event），「微視的分析」（Micro-analysis）である。本章では，まず，事例の開始から終了までの概要を「流れ」として記述する。次に，ある幼児が製作目的についての発話を行い，相手か

らの応答を受け，製作目的を幼児間で共有したとみなせる時点を「重要な出来事」とし，幼児間で製作目的を共有した時点の前後10分ずつ，計20分を分析する範囲として，第2章第1節で説明した CORDTRA diagram を作成した（cf. Hmelo-Silver, 2003；Hmelo-Silver, Chernobilsky & Jordan, 2008；Hmelo-Silver, Liu & Jordan, 2009）。ただし，製作目的を共有する発話がなされた際，事例開始から10分経過していない場合は事例開始を起点とし，発話の後に10分経過せず事例終了に至った場合は事例終了を終了時点とした。

(2) CORDTRA diagram の作成の手続き

CORDTRA diagram を作成した手続きの詳細について，以下に示す。作成にあたっては，上述の計20分を15秒ずつに区切り，時系列に沿って番号を振った。そして，第1時点（例：15'00"）と第2時点（例：15'15"）の間（例：15'00"から15'14"まで）に，表7-3で示した発話・行動カテゴリーが見られた場合，コーディングをし，時系列に沿ってどのような発話・行動が見られたかを図示した。なお，コーディングする際の時間単位を15秒間隔としたのは，ごっこ遊びにおける「役」生成後に発現する言動を15秒間に限定して分類した秋田・増田（2001）の方法同様に，行為主体者である幼児が，相互作用の相手に対して言動を行うのは，15秒位の間であると予想されたためである。

表7-3に示した発話・行動カテゴリーは，全分析対象事例のフィールドノーツとビデオ記録から帰納的にカテゴリーを作成した後，そのカテゴリーに則り，もう一度，観察者が全分析対象事例に見られる発話・行動を分類したものである。帰納的に分類したサブカテゴリーを，本章の問題と目的に対応するよう主要カテゴリーにまとめたところ，発話は〈自分の製作に関する発話〉〈協働製作に関する発話〉〈製作物の使用に関する発話〉〈その他の発話〉の4カテゴリーに，行動・動作は〈素材・道具の操作〉〈製作物の提示〉〈製作物を使用する動作〉〈場の設定〉の4カテゴリーにまとめられた。

表7-3 発話・行動のコーディングカテゴリー

カテゴリー			定義	例
発話者		発話者A	Aのすべての発話	「もうできあがり」
発話	自分の製作に関する発話	製作に関するアイデア	自分の製作を進めるためのアイデアについて話す	「ここ,緑で塗ろうっと」「ここに耳をつけようっと」
		自己評価	自分の製作物について評価をする	「○×(自分の名前)ちゃんのおもしろい」「すごい」
		承認要求	自分の製作物についての肯定的な評価や承認を他者に求める	「これ,かっこよくない?」「見て。すごいでしょ」
	協働製作に関する発話	協働製作への勧誘	相手も一緒につくる意思があるかどうかを尋ねたり,誘ったりする	「○×(相手の名前)ちゃんも,これ一緒につくる?」
		提案・指示・教示	相手に製作方法を教えたり,新たな方法を示したりする	「ここを開くようにしてね」「ふたを閉めてもいいよ」
		質問・確認	相手の製作意図を尋ねたり,相手と同じ製作方法かを確かめたりする	「何つくってるの?」「これでいい?」「三角に折るの?」
		応答	上記の勧誘・提案・指示・教示・質問・確認に対して応答し,自分の意思を伝える	「うん」「そうだよ」「ちがう,○×(自分の名前)は折らないの」
		相手の評価	相手の製作物を評価する	「すごい」「おもしろい」
	製作物の使用に関する発話	製作物を使用して遊ぶ目的	製作物を使用した遊びに相手を誘ったり,伝えたりする	「今日さ,仮面ライダーごっこしよう」
		製作物への意味付与	製作物を何とみなしているか,どのような特徴を持っているかを説明する	「これ,携帯だよ」「このボタンを押さないと,動かないよ」
		役に関する発話	製作物を使用する遊びにおける自分の役について説明する	「ぼくは仮面ライダーだからね,このベルトしてるんだよ」
		擬音語・擬態語	製作物を使用するふりに付随する音を発する	「プシュー,ドッカーン」「(製作物の一部を押しながら)ピピピ」
	その他の発話	素材・道具の使用をめぐる主張	製作をする際に使用する素材・道具の使用をめぐって,他児に主張する	「今,ぼくたちが使ってた」「○×(相手の名前)ちゃんだけ使って,ずるい」
		その他の話題	製作とは関係のない話題について話す	「あの亀,見て。すごくない?」
行動・動作	素材・道具の操作	Aの素材・道具の操作	自分の製作を進めるために,素材を変形したり,道具を使用したりする	折り紙を折る,空き箱と空き箱をセロハンテープで貼り付ける
		Aの新しい素材の把持	新しい素材を手に取る	素材かごに近づき,ペットボトルのふたを手に取る

製作物の提示	他児に見せる動作	完成した製作物を見せたり，製作途中の製作物を見せて製作方法を他児に伝えたりする	「見て。全部一人でつくった」と言って製作物を見せたり，「こうやってもいいよ」と言って，作り方を他児に見せる
	保育者に見せる動作	完成した製作物を保育者に見せる	「○×先生，見て」と言って，保育者に製作物を見せる
製作物を使用する動作	製作物を使用するふり	製作物を持ったり，体に飾ったりして，製作物を使用している動作をする。	「ここ押したら，ロケットが飛ぶよ」などと言って，製作物を持ち上げ，空を飛んでいる動きをする
場の設定	ごっこ遊びの場の設定	製作物を使用するごっこ遊びを行うために，場を設定する	ダンボールでつくった電車で，電車ごっこをするために，いすやつくえを移動させ，駅や線路をつくる

（3）ビデオ映像の静止画による微視発生的分析の手順

　第2章第1節で指摘したように，CORDTRA diagramにより，時系列に従って行為や発話を記す方法では，幼児が何に注意を向け，そこからどのような情報を得ているのか，誰のどの発話（行為）が，他の誰のどの発話（行為）に影響を与えたかといった相互作用の力動は捉えられない。そこで，本章では，CORDTRA diagramを用いた分析に基づき，分析の第3のレベルとして，製作目的の共有にとって重要な局面と考えられる短時間の場面を選び，その短時間の場面を分析単位として抽出した上で，ビデオ記録の静止画を用いて，その分析単位における幼児の発話や行為の宛先・機能を記述し，幼児と他者やモノとの相互作用の力動を明らかにすることを試みる。

第3節 「つくる」活動と「つくったモノで遊ぶ」活動の展開プロセスの時期的相違

1．「ものタイプ」と想定されるけんすけの事例
（1） I期における製作目的の共有プロセス

　事例1は，「ものタイプ」と想定されるけんすけが他児とともに製作を行う事例である。事例1の流れは，以下の通りである。

事例1　キョウリュウジャーごっこする　4月11日　（ビデオ記録の継続時間37′02″）

〈接近～素材を渡す〉
　けんすけは，隣のクラスの製作コーナーに近寄り，前年度同じクラスだったせいやの隣に行く。そして，自分のクラスから持ってきた空き箱をせいやに差し出し，せいやの前に置いていく。
　けんすけが素材かごからプラスチックの容器を取って，自分の頬につけると，せいやの方を見て，にこっと笑う。もう一つ同じモノを取って，二つのモノを合わせた後，そのうち一つをせいやに渡す。
〈協働製作の始まり～モチーフについての会話〉
　けんすけとせいやは，空き箱やプラスチック容器に様々な素材を貼り付けていく。
せいや「ぼくはすごいのつくる」
けんすけ「このロボットはウィザードの仲間だから」
せいや「ボタンおしたら，ボカーン，爆発した」と言って，製作物を触りながら二人で話していたが，近くにいた観察者の方に体を向けると，製作物を見せ，「見て。これ，なんかよくない？ちょっと」と言う。
観察者「いいねえ」
せいや「いかしてるんだ」
観察者「いかしてる」
けんすけも観察者に自分のもっている素材を差し出し，
けんすけ「これ，ざらざらしてるから，さわってごらん」と言う。
観察者「ほんとだ」

けんすけ「みつけた」と言って，素材の入っている箱を指さし，製作に戻る。
　けんすけは，自分の持っている素材と同じような素材を箱から取り出し，せいやに渡す。せいやは自分の製作物に，その素材をかぶせて，「こうやって作ったら，なんかちょっとかっこよくない？」という。けんすけは，せいやの製作物を指さして，「ここが目になっちゃうんじゃない？」と言っている。
〈製作物を使用した遊びについての会話〉
せいやは「なんかさ，今日，ウィザードごっこしよう」とけんすけに言う。
けんすけ「えー，ウィザードはさ，一人しかない」
せいや「5人いるじゃん」
けんすけ「でもさ，おれ，○×ももってるんだよ。カメレオももってるし」
せいや・けんすけ「バッファー，一番早いやつ」
せいや「おれ○×したやつ，○×ももってるし，ウィザードエンジンももってるんだよ」
せいや「カメレオーももってる」
けんすけ「カメレオ，もたなくていいよ。
①せいや「じゃあさ，じゃあさ，キョウリュウジャーごっこにする」(27'16")
けんすけ「じゃ，おれは」
せいや「けんちゃんは○×ね」
〈製作物の特徴・機能についての会話〉
せいやが製作物を手で動かしながら，「うー，バン，うー，バン」と効果音をつけ，「ねー，なんか，こわくない？この口」とけんすけに見せている。
せいやは，けんすけの製作物を見ながら，
せいや「ねえ，ぼく，ぼくのは，おばけの恐竜だから目が2個ついているんだよ」
けんすけ「ねぇ恐竜にさ，おばけなんていないよ」
せいや「じゃ，ぼく恐竜。恐竜が，○×探すんだ」
せいや「ねえ，この中にさ，水入ってんだよ，水」と言って，製作物を持ち上げる。
けんすけ「水が充電だ」
この後も，せいやとけんすけは，互いの製作物がどのようなしくみかを言い合っている。
（中略）
せいやは，素材を使って製作を続けているが，けんすけは，それ以上，素材を変形することはせず，せいやと話してばかりである。

第 7 章　製作における言語的位相での相互作用　171

> けんすけ「あのさ，何時に行く？お外」
> せいや「もうピンポンパンポン鳴っちゃうかもよ」
> せいや「急いで○×しないと」
> けんすけ「もういいんじゃない？」
> せいや「もうお外に行こう」
> けんすけ「よし，じゃ，ロボットは置いて行こう」と言い，二人とも自分のロッカーに製作物を置いて，外へ遊びに行く。

　事例 1 では，けんすけが他クラスの製作コーナーに来て，前年度同じクラスだった男児せいやに接近し，素材を渡すところから始まる。会話をしながら製作をするけんすけとせいやは，モチーフについて話をし，その後，「キョウリュウジャーごっこ」という「つくったモノを使用する遊び」について話をする。そして，製作物の特徴や機能について会話をした後，外に遊びに行くという形で製作を終えている。この事例 1 では，せいやがけんすけに「ウィザードごっこをしよう」と提案するが，けんすけがその提案に対し否定的な応答をしたために，下線部①で，せいやが再び「じゃあさ，キョウリュウジャーごっこにする」と提案し直し，その提案にけんすけが応じる形で，「つくったモノで遊ぶ」目的が共有されている。そこで，下線部①の発話の前後10分ずつの計20分の CORDTRA diagram を図 7-1 に示し，分析する。

　分析に入る前に，以下，図 7-1 について説明する。図 7-1 の横軸は時系列であり，第41時点の「キョウリュウジャーごっこする」という製作目的を共有する発話の前後10分を15秒ずつ区切り，番号を付している。縦軸の 1 ～ 6 列は発話カテゴリーであり，1 列にけんすけの発話の有無，2 列にせいやの発話の有無，3 列に自分の製作に関する発話（製作アイデア，自己評価，承認要求），4 列に協働製作に関する発話（協働製作への勧誘，提案・指示・教示，質問・確認，応答，相手の評価），5 列に製作物の使用に関する発話（製作物を使って遊ぶ目的，製作物に付与した特徴・意味，役に関する発話，擬音語・擬態語），6 列にその他（素材・道具の使用をめぐる主張，その他の話題）の発話をコーデ

172　第Ⅱ部　製作における幼児間の相互作用の諸位相

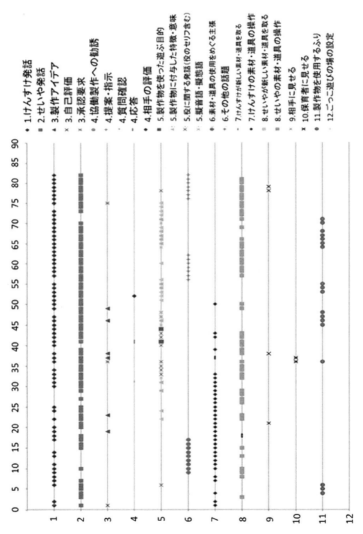

図7-1　事例1のCORDTRA diagram

ィングしている。7〜12列は非言語的な行動・動作カテゴリであり，7列にけんすけの素材・道具の操作（けんすけの新しい素材・道具の把持，けんすけの素材・道具の操作），8列にせいやの素材・道具の操作（せいやの新しい素材・道具の把持，せいやの素材・道具の操作），9列に他児に「見せる」行動，10列に保育者に「見せる」行動，11列に製作物を使用するふり動作，12列にごっこ遊びの場の設定をコーディングし，並置している。

　図7-1の7列より，けんすけは第33時点までは継続的に素材・道具を操作して製作しているが，第33時点を境に，素材や道具をあまり使っていない。それとほぼ同時に，5列の製作物の使用に関する発話の頻度が高くなり，第41時点や第44時点で「つくったモノで遊ぶ」目的に関する発話が生じている。すなわち，第33時点の前後でけんすけは自分の製作をほぼ終え，製作物を使用することに活動を移行させていると考えられる。そこで，第33時点前後から第44時点前後までのけんすけとせいやの相互作用から製作目的が共有されるまでの微視発生的プロセスを検討するために，ビデオ記録を静止画にし，個人情報保護のために輪郭をぼやかす加工を施した画像を時系列に並べ，図7-2に示す。

　図7-2より，第31時点で，けんすけの製作物はほぼ完成したため，製作物を手で動かし，「ボーン」と擬音語・擬態語を用いながら，製作物を使用して遊ぶふりを行っている［1］。それに対し，せいやも「うわー，飛んで行っちゃった」と応じ［2］，製作物を使用した遊びがふり・動作や擬音語・擬態語によって成立している。そして，けんすけが自分の製作物を，せいやが製作中のモノに重ね，「ギギギー」と擬音語・擬態語を発すると，せいやは「やめて」と言い，けんすけは「あのさ，○×何も言わないんだよ」と言い［3］，［4］［5］［6］も同様に，製作物がどのような特徴を示すかを話している。［7］では，周囲にいる幼児にどんな役をさせるかをせいやが話し，［8］では，せいやの製作物もほぼ完成したため，近くにいる観察者に「見て，これ，なんかよくない？」と製作物を見せている。そして，けんすけが再び

[1]24'11"(時点31)けんすけ「ボーン」

[2]24'12"(時点31)せいや「うわー,飛んで行っちゃった」

[3]24'16"(時点32)けんすけ「ギギギ,ガー」

[4]24'28"(時点32)せいや「えー,どうして?」けんすけ「だから,ビーストを助けるように」

[5]24'38"(時点33)せいや「ぼくは助けなんかいらないよ」

[6]24'56"(時点34)せいや「でもさ,ビースト,○×の方が一番弱っちいよ」

[7]25'16"(時点36)せいや「けいちゃんも人間,かよちゃんも人間」

[8]25'22"(時点36)せいや「見て,これ,なんかよくない?」と言って,製作物を耳に当て,観察者に見せる。

図7-2 けんすけとせいやが「キョウリュウジャーごっこ」という製作目的を共有するプロセス

第7章　製作における言語的位相での相互作用　　175

[9]26'26"(時点40) けんすけ「ウルトラマンはめっちゃ強いよ」

[10]26'33"(時点41) せいや「ねえ，今日はウィザードごっこしよう」

[11]26'41"(時点41) けんすけ「ウィザードはさ，一人しかいない」せいや「ウィザードは5人いるじゃん」

[12]27'22"(時点44) せいや「じゃあさ，キョウリュウジャーごっこする」けんすけ「じゃあ，おれは○×」せいや「いいよ」

[13]27'43"(時点45) せいや「ウー，バン，ウー，バン」

図7-2　けんすけとせいやが「キョウリュウジャーごっこ」という製作目的を共有するプロセス（続き）

「ウルトラマンはめっちゃ強いよ」と役に関する発話を行っている。このように，製作物がほぼ完成し，製作物を使用した遊びのふり・動作や擬音語・擬態語を用いた発話，役に関する発話が繰り返し行われる中で，「ウィザードごっこしよう」[10]，「キョウリュウジャーごっこする」[12]という「つくったモノで遊ぶ」目的についての発話が生じている。[12]で，「キョウリュウジャーごっこをする」という目的が共有されると，せいやは製作物を動かし，擬音語・擬態語を用いて，製作物を使用して遊ぶふり・動作を行っている。

　以上のように，事例1では，製作物がほぼ完成したことにより，幼児が製作物を使って遊ぶふり動作を行い，視覚的に遊びのイメージを共有した後に，言葉により「つくったモノで遊ぶ」目的についての交渉が行われたと言える。製作物の形状の変化に促される形で，「つくったモノを使用する遊び」のイメージが生じ，目的が発話により共有されるという形で，モノの完成→ふり・動作→（視覚的イメージの共有）→言葉での目的共有という順序が事例1の特徴と言える。

（2）Ⅲ期における製作目的の共有プロセス
　事例2は，「ものタイプ」と想定されるけんすけが，Ⅲ期に他児と製作を行う事例である。事例2の流れは，以下の通りである。

事例2　電車のモノレールつくってんだ　3月10日（ビデオ記録の継続時間50'58"）

〈けんすけの道路づくり〉
　けんすけが，保育室の床に座り込み，牛乳パックを袋から出しながら，保育者に向かって「道路ごとつくる」と大声で言う。保育者は，紙袋に入っている牛乳パックを持ってきて，けんすけに「これも使っていいよ」と渡す。かずやがけんすけの隣に座り，牛乳パックを触るが，すぐに立って去っていく。
〈てつおの製作参加〉

第 7 章　製作における言語的位相での相互作用　177

　近くを通りかかったてつおに，けんすけが「てつおくん」と話しかける。てつおはふざけて，けんすけを殴るふりをして，二人は笑いあう。てつおはけんすけの隣に座り，近くにいる他児とふざけている。けんすけとてつおの近くにこうたが通りかかると，②けんすけは「電車のモノレールつくってんだ。牛乳パック 2 本使って」と言い，製作目的を伝える（9'22"）。けんすけは，てつお，こうたと製作に関係のない話をしながら，牛乳パックをガムテープでつなげている。そして，牛乳パックをつなげて作った'道路'にトイレットペーパーの芯を滑らせる動作をして，「ウーウーウー」と言う。
〈こうたの遊び参加〉
　こうたが空き箱にトイレットペーパーの芯を貼り合わせた製作物をもって，けんすけに「これ，どうやって遊ぶの？こう？」と，牛乳パックをつなげてつくった'線路'の向きを変える。すると，けんすけは「そうじゃない」と言って，空き箱を'線路'の上で水平に滑らせ，「テーテーテー」と言う。
〈けんすけ，てつお，こうた，りょう，しゅうまとの製作物を使用する遊び〉
　けんすけは，電車の絵が描いてある空き箱を見つけ，こうたに「一番新しい電車，これにしよう」と言って，'線路'の上を走らせたり，ティッシュペーパーの空き箱にペットボトルのふたをタイヤのようにして貼り付け，'線路'の上を走らせ，「ティーンティーン，各駅停車です」と電車ごっこをしている。こうたも，それを見て，「もうすぐ各駅停車」と言いながら，空き箱をもって'線路'の上を走らせる。こうたがいなくなると，てつお，りょう，しゅうまが入れ替わり立ち代わり'線路'にやってきて，空き箱を'電車'に見立てて，電車ごっこをする。

　事例 2 では，製作を始める前から，けんすけが「道路ごとつくる」と保育者に告げ，何をつくるかを決めている。その後，製作中のけんすけのところに，かずややてつおが来て座り込み，'線路'について会話をしている。そして，けんすけは，近くに来たこうたに，下線部②で「電車のモノレールつくってんだ。牛乳パック 2 本使って」と言い，製作目的を告げている。ここで，けんすけと他児が，「つくったモノで遊ぶ」目的をどのように共有しているかを検討するために，事例開始から下線部②の発話後10分の計19分の CORDTRA diagram を図 7-3 に示す。

178　第Ⅱ部　製作における幼児間の相互作用の諸位相

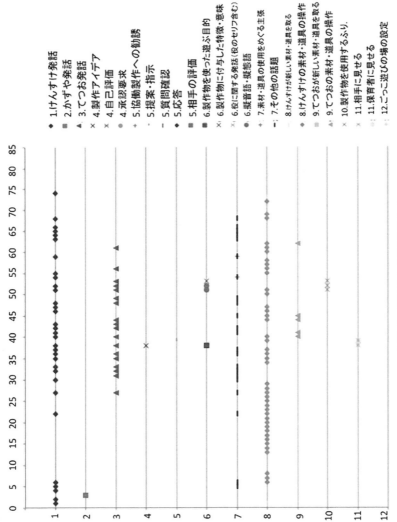

図7-3　事例2のCORDTRA diagram

第 7 章 製作における言語的位相での相互作用　179

　図7-3より,「つくったモノで遊ぶ」目的を共有する発話は, 第38時点で発現している. 1列, 3列より, 第30時点から, けんすけとてつおの発話の頻度は高くなっているが, 7列の「その他の話題」より, 製作とは関係のない話題で会話しているものと考えられる. 8列, 9列からは, 素材・道具を操作し, 製作をしているのはけんすけが主であり, てつおは製作にあまり関与していないことが窺える. 4列の自分の製作に関する発話や, 5列の協働製作に関する発話もほとんど見られない. そして, 6列および10列より, 第51時点で, 製作物の使用に関する発話や製作物を使用するふりに至っている.

　この第30時点前後から第51時点前後までのけんすけと他児との相互作用から, 製作目的が共有されるまでの微視発生的プロセスを検討するために, 事例1同様, ビデオ記録を静止画にし, 個人情報保護のために輪郭をぼやかす加工を施した画像を時系列に並べ, 図7-4に示す.

　図7-4より, 第38時点で, けんすけは「電車のモノレールつくっている」という製作目的を他児に伝えているが, 事例開始時に保育者に「道路ごとつくる」と言って, 一人でつくり始めていることから, 製作前から '道路' や '線路' をつくることを構想していたと考えられる. てつおに「ここ, もっといて」と言って手伝いを頼む場面もあるが［6］, けんすけは一人で製作を行い, '線路' というイメージを牛乳パックで実現しようとしている. けんすけと他児との相互作用も見られるが, 周囲の幼児のしていることについて言及したり［1～3］, 製作とは関係ない話題について話したり［9］というように, 協働で製作を進めているというわけではない.

　事例2では, 元々, 幼児の頭の中にあった製作目的を他児に伝え, 幼児がほぼ一人で自分の構想を自分で実現して製作している. けんすけが嗜好する「表現スタイル」は,「ものタイプ」と想定され, 形をつくりだすことや, 製作・構成をして遊ぶことを好む傾向があると考えられる. 事例2でのけんすけの製作や他児との相互作用は, 他児や素材といった環境からの影響が少なく, 自分の頭の中にある構想を実現することを中心に製作を進めている点で,

[1] 7'27"(時点30) 近くでダンボール[注]を切っている幼児を見て「あ！ 木を切ってる」と笑う。(注：木の絵が掛かれているダンボールで，生活展の劇で背景として使われていた)

[2] 8'10"(時点33) てつおとりょうがふざけているのを見て，「何やってんの」と，けんすけが笑いながら言う。

[3] 8'45"(時点37) ふざけつづけるてつおとりょうに，「やめろって言ったらやめるんだよ」と言いながら，ガムテープを切り，牛乳パックをつなげる。

[4] 9'22"(時点38) けんすけは，近くを通りかかったこうたに「電車のモノレールつくってんだ。牛乳パック2本使って」と言って，製作目的を伝える。

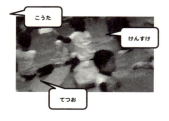

[5] 9'33"(時点39) てつおがけんすけに牛乳パック2本を渡し，けんすけがそれをガムテープでつなごうとする。

[6] 9'37"(時点39) けんすけが，牛乳パックの口を閉めて，てつおの前に差し出し「はい，ここ，もっといて」と言う。てつおが渋々という表情で，言われた通りに持つ。

[8] 10'44"(時点43) てつおが「この前，髪切りに行ったとき，こんくらい切られた」と言って，手を頭に当てる。けんすけも自分の髪を手ではたく。

[9] 10'46"(時点44) けんすけも「おれも，これくらい切られた」と言って，髪に手を当て，笑う。

図7-4　けんすけが他児と「電車ごっこ」という製作目的を共有するプロセス

[10] 11'21" (時点46) けんすけがガムテープをもって，牛乳パックをつなげる．

[11] 12'43" (時点51) けんすけがトイレットペーパーの芯をもって牛乳パックでできた'線路'の上を「ウーウーウー」と言いながら走らせる．

図7-4　けんすけが他児と「電車ごっこ」という製作目的を共有するプロセス（続き）

「ものタイプ」の嗜好が顕著に表れていたと言える．

　このとき，けんすけには，どのような素材を使って，どのような方法で'道路'や'線路'をつくり，電車ごっこを行うかの構想があったと考えられる．保育者は，けんすけが「道路ごとつくる」と言って，牛乳パックを袋から出したのを見て，「これも使っていいよ」と言って，牛乳パックを何個も渡している．「ものタイプ」の幼児は，自分で製作のゴールを定め，どのようにゴールに至るかを自分一人で思い描いて実行する表現を好むことから，保育者はその構想が実現できるよう，そのために必要な同一の素材を何個も渡していると考えられる．

　また，「ものタイプ」が，つくったモノで，結果的にごっこ遊びを行う際には，擬音語や擬態語，ふり・動作を用いて想像上の意味世界を構築し，それが他児にも伝播し，遊びが共有されていくものと考えられる．

2．「感覚タイプ」と想定されるななこの事例
（1） Ⅰ期における製作目的の共有プロセス

　事例3は，「感覚タイプ」と想定されるななこが他児とともに製作を行う事例である。事例3の流れは，以下の通りである。

　　　事例3　アイドルごっこする　7月12日（ビデオ記録の継続時間1h 06' 20"）

〈それぞれのうちわづくり〉
　登園後の自由遊びの時間，製作コーナーでかなが黄緑色の折り紙を蛇腹に折りはじめる。同じく製作テーブルに来たふうかが，かなの折る様子を見て，かなと同じ黄緑色の折り紙を取り，折りはじめる。そこに，まいがやってきて，同じ黄緑色の折り紙を素材かごから取る。かなは，もう一枚黄色の折り紙を取ると，先ほどと同じように蛇腹に折り，セロテープで二つの蛇腹折りを貼り合わせる。そして，保育者のところに行き，せんすのようにあおいで見せる。そこに，さとこが来て，かなのつくっているせんすを見ると，折り紙の入っている素材かごをあさり，折り紙を手に取る。次に，ななこが来て，他の子どもたちが何をしているのかをさっと見回してから，かなと同じように折り紙を手に取り蛇腹折りをはじめる。かながせんすをパタパタとあおぎながら，テーブルを離れ，保育者に見せに行くと，保育者が「うわー，涼しそう。見て，かなちゃん。つなげたんだ」と周りにいたみのりやあやめに言う。すると，周りにいた幼児がかなとかなのつくったせんすを見る。まいが保育者に「まいね，ずっとこうやってせんすつくってたよ」と言い，素材かごからビニールのシートを取って「これでもうちわつくる」と言うと，さとこが「さとこはせんす」と言う。

〈ななこ─みのり，さとこ─まいの製作〉
　少し離れていたところにいたななこは，まいたちのつくる様子を見て，素材かごから同じビニールのシートを取り出し，同じように折っていたが，うまく折れなかったため，ねじってリボンのような形にしていく。それを見たみのりも，同じようにビニールのシートをねじり，服に貼りつけていく。みのりとななこは，手首や指にもリボンを貼っていく。

〈「つくったモノで遊ぶ」目的の共有〉
　みのりは，自分でつくったリボンを手首に貼り付け，ななこににこにこしながら見せる。すると，ななこは，服に貼った自分のリボンをみのりに見せ，みのりと目

を合わせ，うなずきながら「同じだね」と言う。そして，③ななこが保育者に向かって，大きな声で「みのりちゃんと，アイドルごっこする」と言うと（28'55"），保育者は「そうなの。いつものやつね」と答える。それに対し，みのりが「舞台」と叫ぶと，保育者は，「舞台ここにつくっていいよ。もうみんなでつくれるじゃん」と言って，保育室の端のスペースを指さし，「この椅子使っていいよ。ここ舞台にしていいよ」と応じる。
〈舞台づくりからアイドルごっこへ〉
　すると，ななことみのりは，一緒に椅子で舞台をつくりはじめ，みのりが「アイドルが準備してまーす」，ななこが「アイドルはじまりますよー」とにこにこしながら言う。その後，みのりとななこがいすの上に立つと，まいとさとこは，自ら「おきゃくさん」と言いながら舞台の前のいすに座り，みのりとななこの方を見る。保育者が電気を消し盆踊りの音楽を流すと，みのりとななこが歌いながら踊りだす。そして，みのりは「みのりはアイドル」と満面の笑みで言う。
〈さとこのリボンづくり〉
　さとこは，みのりが「みのりはアイドル」と言うのを聞き，自分もアイドルがしたくなったのか，「ねー，さとこも，リボンつくってるから待ってて」と言って，製作コーナーに行き，リボンをつくりはじめる。

　事例3は，「つくる」活動から「つくったモノで遊ぶ」活動への移行が見られた事例である。しかし，「つくる」活動を行っている時点では，「つくったモノで遊ぶ」目的を幼児間で共有していたわけではない。ななこは製作コーナーにいる幼児らの模倣をしようと，ビニールシートを蛇腹折りにして'せんす'をつくろうとしたが，うまく折れなかった。そのため，素材の特性に応じてつくるモノを'リボン'に変え，そのつくったモノを生かすために自分の体に貼って飾っている。ここでは，幼児がもともと持っていた目的ではなく，他児の模倣とモノの特性に応じる形で「つくる」活動が進んでいる。そして，ななこの'リボン'づくりを模倣したみのりが，同じモノをななこに見せることで，それまで何度も遊んだ経験があったと思われる「アイドルごっこ」をするという目的が生まれ，下線部③で，保育者に宣言することで実際にその遊びが行われている。ななことみのりの間では，下線部③で，

184　第Ⅱ部　製作における幼児間の相互作用の諸位相

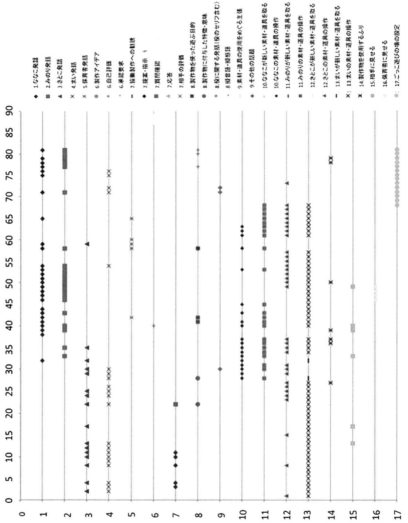

図7-5　事例3のCORDTRA diagram

「つくったモノで遊ぶ」目的が共有されていると言える。そこで，下線部③の発話の前後10分ずつの計20分のCORDTRA diagramを図7-5に示し，分析する。

　図7-5の10列と11列より，ななことみのりは第28時点から素材・道具を操作し，ビニールシートを使ってリボンをつくっている。1列と2列より，第32時点からななことみのりの間で会話が交わされ，14列と15列より第22，29，40時点で製作物を使用するふりおよび製作物を「見せる」行動が生起している。そして，第42時点で製作目的が共有されている。すなわち，製作，会話，製作物を使用するふり，「見せる」行動という順序で，「アイドルごっこをする」という製作目的が生まれ，共有されている。この第28時点前後から第42時点前後までのななことみのりの相互作用から，製作目的が共有されるまでの微視発生的プロセスを検討するために，事例1，2同様，ビデオ記録を静止画にし，個人情報保護のために輪郭をぼやかす加工を施した画像を時系列に並べ，図7-6に示す。

　図7-6より，ななことみのりが「アイドルごっこをする」という製作目的を言葉で共有するまでには，以下のプロセスがある。第28～29時点では，ビニールシートを蛇腹折にしている他児の横に立ち，同じく，蛇腹折りにしようとするが，うまく折れない［1～3］。その様子を見ていたみのりは，ななこと同じ素材を手に取り，ななこがリボンをつくっているのを見て，同じリボンをつくり［4～5］，ななこに見せている［6］。ななこが，ビニールシートでつくったリボンを服に貼って飾りにすると［7］，みのりも自分の手首に貼って飾りにし，「同じだね」と言いながら，互いのリボンを見せ合っている［8～9］。このように，「リボンをつくる」，「そのリボンを体につけて飾る」，「飾ったリボンを見せ合う」という中で，ななこに「アイドルごっこ」という「つくったモノで遊ぶ」目的の着想が生まれ，第41時点で保育者に告げていると考えられる。その後も，ななことみのりは，「リボンをつくる」，「リボンを体につけて飾る」「飾ったリボンを見せ合う」を繰り返し，第42時

［1］25′32″（時点28）まいがビニールシートを手に取ったのを見て，少し遠くにいたななこが製作コーナーに近づいてくる。

［2］25′35″（時点28）ななこが，まいとさとこの間に入り，まいと同じビニールシートを手に取る。

［3］25′45″（時点29）ななこがビニールシートを蛇腹折にしようとするが，うまく行かない。みのりがななこの方を見ながら，製作コーナーに近づいてくる。

［4］26′12″（時点30）みのりがななこの隣に立ち，ななこが使っているものと同じビニールシートを手に取る。

［5］26′26″（時点31）みのりが，ななこがリボンをつくっているところを見ながら，同じようにリボンをつくる。

［6］26′49″（時点33）みのりが，ななこと同じようにつくったリボンを，向かい側に立っているななこにニコニコしながら見せる。

［7］27′33″（時点36）ななこは，ビニールシートでつくったリボンを次々に自分の服に貼って，飾り付けていく。

［8］27′49″（時点37）みのりがななこの側に近づき，手首に貼り付けたリボンを見せ，笑いあう。

図7-6　ななことみのりが「アイドルごっこ」という製作目的を共有するプロセス

第 7 章　製作における言語的位相での相互作用　　187

［9］28′33″（時点40）製作コーナーに戻り，互いの手首に貼り付けているリボンを見せ合って，「同じだね」と言い，ニコニコと笑っている。

［10］28′55″（時点41）保育者が「外で水遊びしようか」と他児と話している声が聞こえたためか，ななこが保育者の方を向き，大声で「みのりちゃんと，アイドルごっこする」と告げる。

［11］29′04′（時点42）ななこがみのりの隣に行き，一緒にビニールシートでリボンをつくり，手首や服に貼っていく。

［13］29′10″（時点42）近くを通りかかった保育者にななこが「みのりちゃんとアイドルごっこする」と言う。

図 7-6　ななことみのりが「アイドルごっこ」という製作目的を共有するプロセス（続き）

点では，ななこが再び保育者に「みのりちゃんとアイドルごっこする」と告げている。

以上のように，事例3では，幼児がつくりはじめたリボンが形になり，同じような形のリボンを体に飾り，それを「同じだね」と見せ合うという形で，モノの完成→モノの使用→幼児同士で見せ合う→（視覚的なイメージの共有）→「つくったモノで遊ぶ」目的の共有という順序で，製作目的が言葉で共有されたと考えられる。

（2）Ⅲ期における製作目的の共有プロセス

事例4は，「感覚タイプ」と想定されるななこが他児と製作を行うⅢ期の事例である。事例4の流れは，以下の通りである。

事例4　3月7日（ビデオ記録の継続時間42'38"）

〈ななこがまきに自分とは別のモノをつくるよう指示〉

製作テーブルの席に，ななことまきが隣に並んで座っている。ななこが素材の入ったかごから，ボール紙を取り，それを丸めて，端をセロハンテープでとめる。それを見たまきも，同じようにする。すると，ななこが「なんで見るの？まきちゃんが好きなのつくっていいんだよ。ななこも好きなのつくるから，まきちゃんも好きなのつくって」と言う。ななこがボール紙を丸めたものの中に四角い色画用紙を入れて，セロテープを貼ろうとすると，まきも同じようにしようとする。それを見たななこが「ちがうのをつくって」と言う。まきはしばらく何もしなかったが，ボール紙でつくった筒に色画用紙を巻きつけ，セロテープでとめる。ななこは，まきが自分でつくっているのをじっと見る。

〈ななことまきで同じモノをつくる〉

ななこは，ボール紙でつくった筒に気泡緩衝材を丸めたものを貼り付け，④まきに見せて「ねぇ，まきちゃん，これつくる？」と尋ねる（8'54"）。まきは「うん」と言い，ななこが気泡緩衝材に色を塗り始めると，まきも色を塗り始める。そして，二人で話しながら，同じモノをつくる。

事例4では，当初，ななこがまきに対し，自分とは異なるモノをつくるように言っていたが，実際にまきがななことは別のモノをつくりはじめると，下線部④で，ななこの方から「ねぇ，まきちゃん，これつくる？」と協働製作に誘い，二人で同じモノをつくる製作が始まる。事例4は，製作物を使用した遊びへの発展は見られず，その場にある素材を使ってななことまきが二人で製作を続ける事例である。ここで，ななことまきが，同じモノをつくるという製作目的を共有し，協働製作するに至るまでの微視発生的プロセスを検討するために，事例開始から下線部④の発話後10分の約19分のCORDTRA diagramを図7-7に示す。

　図7-7より，第36時点で協働製作への勧誘とその承諾が成立して以降，1・2列のななことまきの発話が多くなっている。そして，3列の自分の製作に関する発話や4列の協働製作に関する発話も増えている。事例4は，「つくったモノを使用する遊び」には発展しないものの，その場にあるモノを使って一緒につくるという共通のゴールに向かって協働製作が進んでいると考えられる。そこで，第36時点での協働製作の開始から，ななことまきの間での相互作用の頻度が高くなる第52時点前後までに，どのように協働製作が行われているかを検討するために，事例1～3同様，ビデオ記録を静止画にし，時系列に沿って並べ，図7-8に示す。

　図7-8より，ななこは「自分とは違うモノをつくって」と言ったまきが，実際に，まき自身のアイデアで製作をしているのを注視した後［1］，自分の製作物をまきの前に差し出し，「まきちゃんも，これ，つくる？」と尋ねる。そして，まきが「うん」と答えると［2］，二人で同じモノをつくる協働製作が始まる。ななこは，まきに「まきちゃんもつくったら？」と言って，同じモノをつくるよう促す［3］。それ以降は，爪を油性マジックで塗ったり［4～6］，製作のアイデアについて会話したりしているが［7～8］，自分の製作アイデアについて相手に伝える際，しばしば，「見て。こうやってもいい」と言って，相手も自分と同じモノをつくるように教示したり［9］，

190　第Ⅱ部　製作における幼児間の相互作用の諸位相

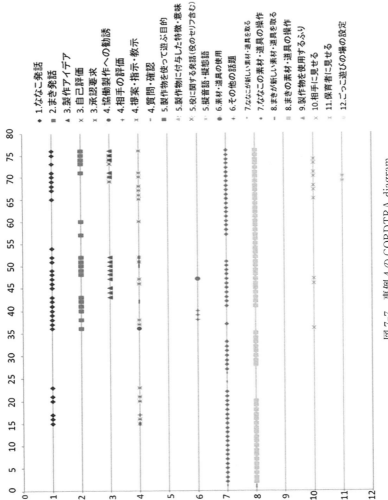

図7-7　事例4のCORDTRA diagram

[1] 8'45"（時点36）まきが一人で製作しているのを，ななこが隣でじっと見ている。

[2] 8'55"（時点36）ななこが自分の製作物をまきの前に差し出し，「ねぇ，まきちゃん，これつくる？」と尋ねる。まきが「うん」と答える。

[3] 9'11"（時点37）ななこは，気泡緩衝材を丸めたものにマジックで色を塗りながら，「まきちゃんもつくったら？」と言う。

[4] 9'20"（時点38）ななこは，自分の爪にマジックで色を塗り始め，「ねぇ，まきちゃんも付け爪する？塗んない？」と言って，自分の爪をまきに見せる。すると，まきも「塗ろう」と言って，自分の爪に色を塗り始める。

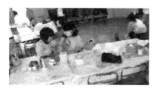

[5] 9'38"（時点39）二人とも，自分の爪にマジックで色を塗る。

[6] 10'09"（時点41）ななこが笑みを浮かべながら，まきにひそひそ声で「おかあさんに言っちゃだめだよ。言っちゃったらしょうがないけど」と言いながら，爪に色を塗る。

[7] 10'25"（時点42）ななこが「まきちゃんはさ，何か面白いこと考えたりする？」ときくと，まきは「うん」と言って，自分の製作物を持って，「これは何色にしようかな，ピンク」と言って，ピンクの油性マジックを手に取る。

[8] 10'46"（時点42）ななこが，「そしたら」と言いながら，筒に茶色の色画用紙を巻きつけ，「それで，これに」と言って，素材かごから毛糸を取る。

図7-8　ななことまきが同じモノを製作するプロセス

[9]11′29″（時点46）ななこは「まきちゃん，見て。こういう風にしていってもいい」と言って，筒にひもを巻きつける。

[10]11′46″（時点48）まきも，「そして，それから反対側」と言い，筒に気泡緩衝材を巻きつけ，それをななこが見る。

[11]12′07″（時点49）まきは，「今度は緑」と言って，緑の油性マジックを取る。

[12]12′41″（時点51）ななこは気泡緩衝材を丸めたモノに色を重塗りながら「全部塗らなくていいの？」とまきに尋ねる。まき「いいよ」

[13]12′51″（時点52）ななこ「だいたい塗ればいいってこと？」，まき「うん，どっちでもいいから」ななこ「まきちゃんは全部塗るの？」まき「うん」

図7-8　ななことまきが同じモノを製作するプロセス（続き）

「全部塗らなくていいの」と尋ねて相手と同じ製作をしているかどうかを確認している［12〜13］。事例4では，一度も，つくっているものの名称（モチーフ）についての発話はなされない。その場にある素材や道具を用いて，遊び相手とやりとりをしながら探索的に製作をしていると言える。

　ななこが嗜好する「表現スタイル」は，「感覚タイプ」と考えられ，素材を見たり，素材をいじったりするうちに，次のアイデアを思いつくことが表現の特徴である。感覚的な遊びを好み，安定・表出・探索といった活動を好むため，製作物も感覚的で創発的であるという特徴を持つ。事例4で，ななこは，日常的に親しい関係にあるまきとともに，何をつくるかを先に決めず，製作コーナーにある素材を変形し，道具を操作する中で探索的に製作を進めている。他児と同じモノをつくるということも，他児と同じことをしているという点で安心でき，安定を求める「探索タイプ」の一つの特徴と言える。その点で，Ⅰ期で観察された事例3に比べ，ななこの嗜好する「表現スタイル」が顕著に発現していると言える。

　このような「探索タイプ」の幼児に対して，保育者は，気泡緩衝材や毛糸，ボール紙など，幼児にとって新しい素材を製作コーナーに準備することで，素材を変形し道具を操作する中で探索的に製作を進められるように配慮している。また，「探索タイプ」の幼児は，一緒に製作するという共通のゴールは持っているものの，必ずしもモチーフを決めて，その形を再現して製作するわけではないため，「何をつくっているの？」などモチーフを尋ねるような言葉かけではなく，幼児が保育者に見せに行く機会を利用して「面白いね」と応答的な言葉かけをすることで，援助をしていたと考えられる。

第4節　考察

　本章では，共起する相互作用の諸位相の中でも，言語的位相に焦点を当て，製作目的の言葉での共有に着目し，幼児が製作物を媒介に，現実世界とは相

対的に自立した想像上の意味世界（第三次の人工物）を構成するプロセスを明らかにすることを目的に，製作における「つくる」活動と「つくったモノで遊ぶ」活動の展開プロセスを検討してきた。その結果，以下2点が明らかになった。

第1に，製作目的を共有するプロセスには，時期による相違が認められたが，学年開始期にあたるI期の事例では，「ものタイプ」と想定される抽出児と，「感覚タイプ」と想定される抽出児の事例ともに共通のプロセスがあることが示された。すなわち，製作物の完成に伴い，幼児がその製作物を使用する動作や飾り付けをし，その後で，言葉で製作目的を共有するという共通のプロセスである。このようなI期の共通点により，ごっこ遊びに関する先行研究において，学年開始当初はモノの視覚的・物理的特徴に規定された見立てが主流であるという知見と同様の結果が，製作においても見られたと言える。

ただし，製作においては，モノそのものというより，モノに対し幼児が変形を加えた結果，モノがほぼ完成したことで，そのモノから遊びのイメージを得ているという点で，ごっこ遊びとは異なる。言葉での製作目的の共有の前に，素材を変形し，製作物を完成させるというモノの視覚的変化があり，その後，その製作物を身体的に使用するという段階があった。製作物の完成により，その製作物が幼児間の共同注意の対象となる。そして，幼児が製作物を使用する動作や飾り付ける行動を通して，製作物が遊びの具体的なイメージを伝える媒介となり，製作目的が言葉で共有されると考えられる。つまり，モノへの注視による共同注意の成立（視覚的位相），モノを媒介にした遊びのイメージの動作での伝達（身体的位相）が基盤となり，言語的位相での製作目的の共有に至る。言い換えれば，これは，幼児にとって製作を行うための素材・道具（第一次人工物）であったモノが，行為者の「行為や信念の諸相を保存し伝達する上で中心的な役割」を果たす第二次水準の人工物（Wartofsky, 1979）となり，現実の制約から切り離された自由遊びにおける想

像上の意味世界（第三次人工物）となる過程であると言える。

　第2に，時期を経るにつれ，幼児個人の嗜好する「表現スタイル」の個性が，より発揮されるかたちで活動の展開に影響することが示唆された。「ものタイプ」と想定される抽出児は，製作開始前から頭の中にあった製作目的を他者に言葉で伝え，製作も，幼児がほぼ一人で自分の構想を実現していく形で製作が進められていた。このような遊びの展開は，ごっこ遊びに関する先行研究において，9月以降には遊びのストーリーに沿って，モノの視覚的・物理的特徴に依存せず見立てを行っていたという指摘と一致する。しかし，「感覚タイプ」と想定される抽出児は，日常的に親しい関係にある他児とともに，「何をつくるか」を先に決めず，製作コーナーにある素材を変形し，道具を操作する中で探索的に製作を進めていた。素材を見たり素材をいじったりするうちに次のアイデアを思いつくこと，他児と同じことをして安心・安定を求めることは，「探索タイプ」の一つの特徴であると言え，その特徴が顕著に表れていたと言える。この点で，幼児の発達に伴ってモノの視覚的・物理的特徴に依存せずに見立てを行い，製作目的を共有する際にも非言語的行動に比べ言語的行動が多くなるという，ごっこ遊びに関する先行研究の知見とは一致しない。以上より，造形表現を伴う遊びにおいては，幼児の発達的変化だけでなく，幼児の嗜好する「表現スタイル」の影響が大きく，製作目的を共有するプロセスにも，この「表現スタイル」の影響が見られることが示された。

第Ⅲ部　総合考察

第8章　総合考察

　本研究は，幼児が他者との相互作用を通して造形表現を行うプロセスについて，社会文化的アプローチにおける「媒介」概念と「共同注意」の理論を手がかりに，視覚的位相・身体的位相・言語的位相という3つの位相での相互作用の視点から検討した。

　第1章では，第1節で，本研究で対象とする造形表現を，自由遊び場面における廃材などを用いた製作とし，遊びの中で幼児が他児と相互作用を通して表現を行うプロセスを検討する意義について述べた。第2節では，遊びが行われる文脈の中で製作を捉えるための理論的枠組みとして社会文化的アプローチの視座に立ち，主要な概念となる「媒介」について整理するとともに，「媒介」概念を通して捉えられる「共同注意」の理論について説明した。第3節では，乳幼児期から児童期にかけての製作研究の知見を概観し，本研究の研究課題を整理した。本研究に通底する研究課題として，幼児期の協働製作を可能にする相互作用の諸位相とその機能の同定がある。そこで，第4節では，本研究の分析視点として，言語的位相，視覚的位相，身体的位相という3つの位相において，共同注意と関連する相互作用に着目して分析を行うことについて述べた。具体的には，言語的位相での相互作用として，①「つくる」目的と「つくったモノで遊ぶ」目的という製作目的の共有，②幼児が見立てた対象であるモチーフに関する発話を分析視点とすること，視覚的位相での相互作用である③注視を分析視点とすること，身体的位相での相互作用として④身体の位置取りや向きといった身体配置，⑤幼児が他者にモノを「見せる」という身体動作，の5つの分析視点について述べた。そして，第5節で，他者との相互作用を通した造形表現プロセスを明らかにするために，以下5つの研究課題を先行研究より導出した。すなわち，❶言語的位相での

協働製作の成立過程を明らかにする，❷他児の製作物の注視を通して幼児が独自の表現を行うプロセスを明らかにする，❸幼児がモノを「見せる」行為の機能を明らかにする，❹幼児間の関係性の変化に伴う「見せる」行為の機能および製作プロセスへの影響を明らかにする，❺製作目的の共有プロセスを明らかにする，という5点である。これらを検討するにあたり，本研究では，参与観察，微視発生的分析，ビデオ記録を用いた分析という方法を実施することを第2章で述べ，研究協力園や観察の期間・場面の詳細について説明した。

以下では，第1章で述べた5つの研究課題について検討した第3章から第7章で得られた知見を整理し，意義を述べた上で，総合的考察を行う。

第1節　各章の総括

1．第Ⅱ部のまとめ

第Ⅱ部では，幼児が他者との相互作用を通して表現を行うプロセスを，視覚的位相・身体的位相・言語的位相という3つの位相での相互作用から検討した。

（1）第3章の知見のまとめ

第3章では，研究課題❶言語的位相での協働製作の成立過程，すなわち幼児が他児と言葉を交わしながら他児と協働で製作を行うようになるまでの過程を明らかにするために，同一児が他児にモチーフ発話を共有しない4事例と，モチーフ発話を共有する2事例における事例間の相互作用の相違を分析した。その結果，他児と隣り合う位置への位置取り，他児の製作物の注視，自分の製作物を他児に「見せる」行動が観察された後に，モチーフ発話が共有されていた。これより，身体的位相，視覚的位相，言語的位相での相互作用は，幼児期の協働製作の成立過程において，以下のような役割を果たして

いることが示された。

　まず，幼児は，他児と隣り合う位置に位置取ることで（身体的位相での相互作用），同じ場を共有するだけでなく，他児と近い視点に立ち，視野を重ねることになる。視野が重なることで，他児の製作物を注視する行動（視覚的位相での相互作用）が生起し，共同注意が成立すると考えられる。そして，モノを「見せる」行為は，共同注意を積極的に操作しようとする行為であり，製作物や製作物を使っている動作を見せることで，他児の注意を，想像上の意味に向けていると考えられる。このようにして，非言語的な相互作用が交わされた後で，幼児間でモチーフ発話が共有されると考えられる。

　幼児間でモチーフを言葉で共有することで，幼児の製作における相互作用の質は，以下のように変化すると考えられる。モチーフを言葉で共有していることにより，相手が何をつくろうとしているかという意図を，互いに明確に了解できるようになる。そこで，幼児は身体を接近させ視野を重ねなくとも，互いの注意の向け先を把握しやすくなる。このように，共通のゴールを了解し，相手の注意の向け先を容易に把握できるような状態で，相手の製作物を注視することで製作段階を察知し，提案や指示をしたり，自分の製作物を見せたりするという行動が行われる。それと同時に，自他の視点の違いに気づき，相手のアイデアを採り入れるという模倣行動が生じる。さらに，モチーフを共有し，共通のゴールに向かっていることを了解している幼児間では，製作物が製作物を使っている動作を見せることが，想像上の意味世界を生きていることの表示となっていると考えられる。

　以上より，身体的位相，視覚的位相，言語的位相での相互作用は，相互に連関し，幼児間の協働やコミュニケーションを支えていることが示唆される。そして，モチーフの言葉での共有（言語的位相での相互作用）は，自分が何をつくろうとしているかを他児に伝え，共通のゴールを目指すことに誘う相互作用であり，これにより，必ずしも他児の近くに位置取り視野を重ねなくとも，共同注意を成立させることができるようになる。さらに，素材や製作物

に対し想像上のイメージや意味を付与し，現実世界の実際的な制約から切り離された想像の世界を構成するという点で，第三次人工物（Wartofsky, 1979, p.208）を構成することにつながる相互作用であると言える。

（2）第4章の知見のまとめ

第4章では，幼児の製作において共起する諸位相での相互作用のうち，視覚的位相での相互作用に焦点を当て，研究課題❷他児の製作物の注視を通して幼児が独自の表現を行うプロセスを明らかにするために，幼児が他児の製作物を注視した後に独自のモチーフを生成するプロセスを，幼児の注視方向と幼児が採り入れた製作要素に着目して分析した。

その結果，複数の幼児たちが行う製作において，幼児が他児との相互作用を通してモチーフを生成するプロセスには，相手の製作物を注視することによって，自分とは異なる相手のアイデアに気づき，そのアイデアを実現した素材や製作手段の情報を視覚的に取得した上で，自分の製作に採り入れ，自分独自のモチーフを生成するという微視発生的プロセスが見られた。そして，この独自のモチーフを生成するプロセスに，幼児が互いの製作物から注視を離すという段階があることが見出された。

このことから，他児の製作物の注視を通して，幼児が独自のモチーフを生成するには，図8-1のような微視発生的プロセスがあると考えられる。

まず，モチーフ発話のような共同注意を操作する発話や行動を通して，幼児は，他児のモノに注視を向け，共同注意の三項関係を成立させる。しかし，その後，幼児はいったん注視を自他の製作物から離し，注意を逸脱させることで，共同注意の三項関係を解体する。その注意逸脱段階を経て，幼児は，自分と素材が対峙する二項関係を成立させ，独自の表現を生み出す。この微視的プロセスは，いかなる精神機能も，最初は人々の間に社会的平面（精神間カテゴリー）として，それから心理的平面（精神内カテゴリー）として子どもの内部に二度現れるとしたVygotsky（1981）の理論が示すように，幼児間

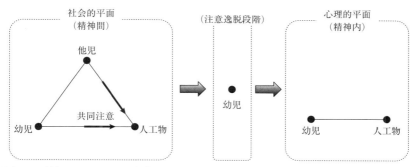

図 8-1　幼児のモチーフの生成プロセスにおける他者や人工物との関係のイメージ図

の模倣に始まった社会的な学習過程の後に，模倣した側の幼児の精神内に他児のアイデアや方法などが内化され「わがものとする」(appropriate) 心理的過程があることを示すものである。そして，その過程に注意がいったん逸脱する段階があるという可能性を示唆するものである。本研究では，このような微視発生的なプロセスは，幼児間で製作目的が共有され，共通のゴールが認識されているような場合に，より頻繁に行われることが示された。

(3) 第5章の知見のまとめ

第5章では，共起する諸位相での相互作用のうち，特に身体的位相での相互作用に焦点を当て，研究課題❸製作場面における「見せる」行為の機能，すなわち，「見せる」側の幼児にとってのコミュニケーション機能を検討することを目的とした。

第1に，製作場面に固有の「見せる」行為の機能を明らかにした。乳児の前言語的行動として，提示 (showing) 行動における乳児と他者との関係について述べたやまだは，提示は，乳幼児が「私の領域内のもの」を相手に見せる行動であり，「ものを通じて私を見せる，さらに私そのものを見てほしいという行動へと発展しやすい機構をもっている」(やまだ, 1987, p.156) と述べている。しかし，本研究での「見せる」行為カテゴリーの作成と分類の

結果，やまだ（1987）の示す「提示の関係」にとどまらない関係図式が見られた。本研究で対象とした4歳児2クラスの製作場面においては，「見せる」行為には，大別して〈製作結果の伝達〉と〈製作過程での交渉〉という2つがあり，さらに〈製作結果の伝達〉には，《よくできたことの伝達》，《予想外になったことの伝達》，《相手と同じモノをつくったことの伝達》の3種類の機能が見られた。また，〈製作過程での交渉〉には，《提案・教示・指定》，《確認》，《相手と同じモノを用いた遊びへの参加表明》の3種類の機能が見られた。これらの「見せる」行為を行うときに，幼児と他者とモノとの間に成り立つと考えられる図式をまとめて表8-1に示した。

表8-1より，〈製作結果の伝達〉の中でも《よくできたことの伝達》や《予想外になったことの伝達》では，上記のやまだの指摘と同様の関係図式が見られるが，《相手と同じモノをつくったことの伝達》では，「私」の領域にあるモノを見せるというより，モノを通じて相手の領域と自分の領域に重なりをつくり，同志的な関係をとり結んでいることが示された。さらに，〈製作過程での交渉〉では，幼児間で「やりとりの関係」をとり結び，幼児の製作意図や遊びの意図を表す言葉を伴って，媒介となるモノが交渉や対話を取り持っていたと考えられる。乳児の前言語的行動とは異なり，言語的位相での相互作用も加わることで，「見せる」という身ぶりが多様なコミュニケーション機能を持つものになると考えられる。

また，身ぶりに，言語的位相での相互作用が加わることで，モノが高次の人工物になっているとも考えられる。製作場面において幼児が「見せる」モノは，技術的な道具と言葉とが組み合わされて，「人間の欲求や意図を対象化したもので，認知的，情動的内容がすでに備わっている」人工物（Wartofsky, 1979, p. 204；Cole, 1996a/2002, p. 168より引用）であり，行為者の「行為や信念の諸相を保存し伝達する上で中心的な役割」を果たす第二次水準の人工物（Wartofsky, 1979）であると考えられる。この点で，他者との協働やコミュケーションを媒介し，制御する人工物となっているのである。

表8-1 「見せる」行為によって成り立つ関係図式

「見せる」行為カテゴリー			関係図式（モノの位置）	相手の役割
製作結果の伝達	よくできたことの伝達		提示の関係（「私」の領域）〔ここ〕私 モノ（よくできたこと，予想外になったこと） 〔あそこ〕他者	観客
	予想外になったことの伝達			
	相手と同じモノをつくったことの伝達		提示の関係（「相手」の領域）〔ここ〕〔あそこ〕私 モノ（相手と同じ）他者	同志
製作過程での交渉	自分の製作意図の主張	提案・教示・指定	やりとりの関係（「私」の領域）〔ここ〕〔あそこ〕私 モノ（製作意図）他者	交渉相手，パートナー
	相手の製作意図への同調	確認	やりとりの関係（「相手」の領域）〔ここ〕〔あそこ〕私 モノ（製作意図）（遊びの意図）他者	交渉相手，パートナー
		相手と同じモノを用いた遊びへの参加表明		

　第2に，幼児と「見せる」相手との関係によって，「見せる」行為の機能が異なることが示された。保育者に対してモノを「見せる」場合には，製作後に，製作がよくできたことや予想外になったことなど，〈製作結果の伝達〉を行う比率が高い傾向にあった。他児に対しても同様に，〈製作結果の伝達〉

を行ってはいるものの，製作方法などについて提案したり確認したりというように，「何をどうつくるか」について〈製作過程での交渉〉を行う比率がより高い傾向にあった。表8-1で示したように，〈製作結果の伝達〉と〈製作過程での交渉〉における幼児と他者やモノとの関係図式を踏まえると，保育者は，幼児にとって「私」や「私」そのものを見てほしい観客の役割である。幼児はモノを通じて，保育者の注意を「私」に引き寄せ，「私」を認めてもらうことで，承認感や達成感，満足感を感じると考えられる。製作場面においては，このような幼児と保育者のコミュニケーションが，製作を支える人的環境として重要であると考えられる。一方，幼児が他児にモノを「見せる」場合は，他児は観客の役割だけでなく，「私」と対面し，折衝しながら合意に至ろうとする交渉相手・パートナーの役割ともなる。

　第3に，一緒に過ごす時間の経過や，一緒に遊んだ経験が蓄積されるにしたがって，幼児間の関係における親密性が変化すると考えられ，それに伴って「見せる」行為の相手や機能が異なるという可能性が示された。学年開始期のⅠ期では，保育者にモノを「見せる」比率が高いのに対し，学年最終期のⅢ期には，保育者より他児に向けてモノを「見せる」比率が高くなっていた。このことから，学年開始期では，幼児にとっては保育者の注目を引き，「私」を認めてもらうことで，自信を強めると同時に，保育者との信頼関係を築くことがコミュニケーションの中心であると考えられる。だが，次第に，同年齢他児を友だちや遊び相手として認識し，友だちや遊び相手に「見せる」ことが多くなることが示された。さらに，幼児が他児に向けてモノを「見せる」行為に焦点を絞り，「見せる」行為の機能の時期ごとの特徴を検討した結果，学年開始期のⅠ期では，幼児が製作結果について他児に伝達する機能を持つ「見せる」行為の比率が高いのに対し，Ⅱ期，Ⅲ期では，「何をどのようにつくるか」という製作過程での交渉する機能を持つ「見せる」行為の比率が高くなっていた。このことより，幼児間の関係における親密性が変化するにしたがって，「見せる」相手である幼児が，観客という役割のみ

第 8 章　総合考察　207

から，対面で交渉する相手・パートナーの役割も担うようになると考えられる。以上より，幼児間の関係における親密性が変化すると，それに応じて「見せる」行為というコミュニケーションの質も変化することが示された。

（4）第 6 章の知見のまとめ

　第 6 章では，第 5 章に引き続き，幼児の製作において共起する諸位相での相互作用のうち，特に身体的位相での相互作用に焦点を当て，研究課題❹幼児間の関係性の変化に伴う「見せる」行為の機能および製作プロセスの時期的相違を明らかにするために，第 5 章で対象とした 4 歳児のうち，全 3 期で他児に向けての「見せる」行為が観察された抽出児 2 名の事例を，エピソード記述により質的に考察した。その結果，以下 2 点が明らかになった。

　第 1 に，幼児同士の「見せる」行為は，親しい関係にある幼児同士で交わされることが多く，親しい関係の幼児間でも，その関係の質的変化に伴い，「見せる」行為を通して生じる製作プロセスに相違が見られることが示された。抽出児ななこの事例の検討より，一人ひとりが共通のゴールに向かいながらも，自他の視点の違いに気づき，相手のアイデアを採り入れ，自分独自の表現にしていくには，一人ひとりがそれぞれに固有の視点を備えていることを認め合う関係性が基盤となる可能性が示唆された。つまり，幼児間の関係においては，ただ特定の相手と親しい関係をつくればいいというのではなく，その特定の関係の中で，一人ひとりの固有の視点を相互に尊重するという対等性が築かれたとき，自他の視点の違いを生かして協働することができると考えられる。

　第 2 に，モノが媒介となり，「つくったモノを使用する遊び」への展開が見られるのは，幼児間の親密な関係性が形成されてからであるという可能性が示された。抽出児りょうたの事例の検討より，1 年間の中でも，同じクラスの他児と共に過ごす時間や一緒に遊ぶ経験の蓄積，どのように振舞えば友だちと順当に遊べるかといった暗黙のルールの了解により，遊ぶ関係性が成

熟してくる時期である学年最終期に，幼児が「見せる」行為を通して《相手と同じモノを用いた遊びへの参加表明》を行い，製作から「つくったモノを使用する遊び」へと展開させていた。製作場面におけるモノは，「見せる」側の幼児の「行為や信念の諸相を保存し伝達する上で中心的な役割」を果たす第二次水準の人工物（Wartofsky, 1979）であると言えるが，そのモノを媒介に，現実の制約から切り離された自由遊びにおける想像上の意味世界（第三次人工物）が構築されるのは，幼児間の親密な関係性が基盤になってのことであると考えられる。

（5）第7章の知見のまとめ

　第7章では，共起する相互作用の諸位相の中でも，言語的位相に焦点を当て，製作目的の言葉での共有に着目し，幼児が製作物を媒介に，現実世界とは相対的に自立した想像上の意味世界（第三次の人工物）を構成するプロセスを明らかにすることを目的に，製作における「つくる」活動と「つくったモノで遊ぶ」活動の展開プロセスを検討した。その結果，以下2点が明らかになった。

　第1に，製作目的を共有するプロセスには，時期による相違が認められたが，学年開始期にあたるⅠ期の事例では，「ものタイプ」と想定される抽出児と，「感覚タイプ」と想定される抽出児の事例ともに共通のプロセスがあることが示された。すなわち，製作物の完成に伴い，幼児がその製作物を使用する動作や飾り付けをし，その後で，言葉で製作目的を共有するという共通のプロセスである。これより，ごっこ遊びに関する先行研究において，学年開始当初はモノの視覚的・物理的特徴に規定された見立てが主流であるという知見と同様の結果が，製作においても見られたと言える。

　ただし，製作においては，ごっこ遊びとは異なり，言葉での製作目的の共有の前に，素材を変形し，製作物を完成させるという段階がある。製作物の完成により，その製作物が幼児間の共同注意の対象となる。そして，幼児が

製作物を使用する動作や飾り付ける行動を通して，製作物が遊びの具体的なイメージを伝える媒介となり，製作目的が言葉で共有されると考えられる。つまり，製作物の完成後，製作物への注視により共同注意が成立すると（視覚的位相），モノを媒介にした遊びのイメージが動作で伝達され（身体的位相），言語的位相での製作目的の共有に至る。これは，言い換えれば，図8-2に示すように，幼児にとって製作を行うための素材・道具であったモノ（第一次人工物）を使って，幼児の行為や意図・イメージ・心情が言葉で伝えられ，それを保存し伝達する製作物（第二次人工物）が完成した後，現実の制約から切り離された自由遊びにおける想像上の意味世界（第三次人工物）となる過程で，製作物への注視による共同注意の成立と，モノを媒介にした遊びの動作やイメージの伝達（身体的位相）が見られるということを示している。

第2に，時期を経るにつれ，幼児個人の嗜好する「表現スタイル」の個性が，より発揮されるかたちで活動の展開に影響することが示唆された。「感

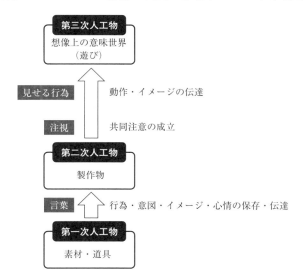

図8-2　製作活動において想像上の意味世界（第三次人工物）を構築するプロセス

覚タイプ」と想定される抽出児は，日常的に親しい関係にある他児とともに，「何をつくるか」を先に決めず，製作コーナーにある素材を変形し，道具を操作する中で探索的に製作を進めていた。素材を見たり素材をいじったりするうちに次のアイデアを思いつくこと，他児と同じことをして安心・安定を求めることは，「探索タイプ」の一つの特徴であると言え，その特徴が顕著に表れていたと言える。この点で，幼児の発達に伴ってモノの視覚的・物理的特徴に依存せずに見立てを行い，製作目的を共有する際にも非言語的行動に比べ言語的行動が多くなるという，ごっこ遊びに関する先行研究の知見とは一致しない。造形表現を伴う遊びにおいては，幼児の発達的変化だけでなく，幼児の嗜好する「表現スタイル」の影響が大きく，製作目的を共有するプロセスにも，この「表現スタイル」の影響が見られることが示された。

2．第Ⅱ部の意義

　第Ⅱ部では，幼児（主に4歳児）の自由遊び場面での製作活動において，幼児が他者との相互作用を通して表現を行うプロセスを，視覚的位相・身体的位相・言語的位相の3つの位相での相互作用に着目して検討した。図8-3は，前節で述べた本研究の知見を踏まえ，視覚的位相・身体的位相・言語的位相での相互作用を通してなされる造形表現の基本構造を図示したものである。以下では，図8-3に基づきながら，第1章で論じた先行研究に照らした本研究の意義として，4点を指摘する。

　第1に，社会文化的アプローチの視座に立ち，「人による媒介の三角形」として捉えられる「共同注意」の三項関係を製作活動における基本の認知構造と据えたことで，共同注意との関連から身体・視覚・言語的位相での相互作用がどのように協働での製作を支えるかを明らかにしたことである。

　これまで，造形表現に関する先行研究では，幼児個人の発達段階や思考モデルといった個体能力主義に基づいた研究が多くなされていた。特に，芸術・造形表現は，子ども個人の「内から外へ」の内的なものの表出であり，

第 8 章 　総合考察 　211

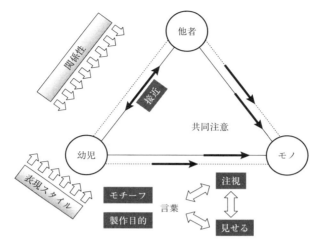

図 8-3　他者との相互作用を通した幼児の造形表現の基本構造

「自己の表現」であると捉えられてきた。しかし，社会文化的アプローチの視座に立ったとき，このような考えの問題は，「表現されるべき自己がすでにでき上がっていてそこにあり，芸術は単にそれを外に出すだけだとされる点」にある（宮崎，2012，pp.202-203）。本研究では，造形表現を，まわりの世界を認識し，周囲の人やモノとの相互作用を通して，自己を新たにつくりだす活動と捉え，製作活動における諸位相での相互作用の機能と，その相互の関連性を明らかにした。

　相互作用の諸位相の中でも，談話だけでなく，視覚的位相や身体的位相に着目し，それらの機能と，言語的位相との相互の関連性を検討したことに本研究の意義があると考える。社会文化的アプローチの視座に立つ先行研究では，主に談話に着目して子ども間の相互作用を研究していた（Gustafson & MacDonald, 2004；Carr, 2000；Rowell, 2002）。非言語的な身体行為に着目した研究もあるが（Kangas, et al., 2013），協働製作において，言語的位相での相互作用と，それら非言語的位相での相互作用がどのように相互に連関して共起しているかについては検討されていなかった。

ここで，各位相での相互作用の機能を整理し，これらの相互作用の相互連関性についてまとめ，総合的に考察する。

（1）身体的位相での相互作用：他児と隣り合う位置への位置取り・「見せる」動作

　幼児が他児と言葉を交わしながら他児と協働で製作を行うようになるまでの過程の検討より（第3章），他児と隣り合う位置への位置取りは，他児と近い視点に立ち，視野を重ねることになる。他児と視野を重ねることは，他児と同じモノを注視する行動につながり，共同注視・視覚的共同注意（図8-3では実線で内側に描かれている三角形）の基本構造を成立させるための前提条件と言える。ただし，言葉で共通のゴールが共有されると，幼児は身体を接近させ視野を重ねなくとも，互いの注意の向け先を把握できると考えられることから，言葉（表象）による共同注意（図8-3では点線で外側に描かれている三角形）が成立してからは，身体（視野）の接近は，必ずしも必要な条件ではなくなると考えられる。

　幼児がモノを「見せる」行為は，共同注意を積極的に操作しようとする行為である。製作に関する先行研究においても，「見せる」という方略は，幼児に新しいアイデアをもたらす方略の一つにあげられ（Roden, 1999），指さしがコミュニケーションを補助する重要な手段であることが指摘されていた（Kangas, et al., 2013）。しかし，保育の場で行われる幼児期の製作において，この「見せる」行為が，どのような機能を果たしているのかは，詳細に明らかにされてこなかった。それに対し，本研究では，幼児がモノを「見せる」行為の機能の検討より（第5章），製作場面におけるこの共同注意請求行為には，「見せる」側の幼児にとって，大別して〈製作結果の伝達〉と〈製作過程での交渉〉という2つのコミュニケーション機能があり，幼児は，このようなコミュニケーション機能を，相手によって使い分けていることを示した。幼児はモノや，モノを使っている動作に，言葉を伴って「見せる」ことで，

第 8 章　総合考察　213

他児の注意を，モノの物理的・視覚的特徴に向けるばかりでなく，幼児がモノに付与した意図・心情・イメージ，そして想像上の意味世界に向け，製作活動を展開している。

　そして，本研究では，本章の表 8-1 に示したように，幼児は「見せる」行為を通して，他児と「やりとりの関係」をとり結び，協働関係を成立・維持していること，保育者とは「提示の関係」をとり結び，製作を支える人的環境としていることを指摘した。製作に関する先行研究では，談話を通して，子どもが他者と協働関係を築き維持することが示されていたが（Gustafson & MacDonald, 2004；Carr, 2000；Rowell, 2002），本研究では，幼児期には「見せる」という視覚的共同注意・共同注視を成立させるコミュニケーションが，そのような役割を果たす可能性を示した。

（2）視覚的位相での相互作用：注視

　注視は，幼児期の造形表現を検討するにあたっては，共同注意を成立させうるという点でも，視覚的思考（Arnheim, 1969/1974）を喚起するという点でも重要な相互作用であると考えられる。しかし，共同注意研究は前言語期の乳児を中心に行われており，幼児期以降の共同注意行動が，同年齢の幼児が多数いる保育の場で，どのような働きをしているかについては，検討されてこなかった。それに対し，本研究の第 4 章では，4・5 歳児クラスの観察研究を行い，幼児が他児との相互作用を通してモチーフを生成する微視発生的プロセスを検討することにより，幼児は，注視を向ける，注視を逸らすという行動を通して，他者やモノとの共同注意の三項関係を操作している可能性を示した。

（3）言語的位相での相互作用：モチーフ・製作目的の共有

　幼児が「何をつくっているか」を伝達するモチーフ発話は，製作場面における相互作用を質的に変化させると考えられる。モチーフを言葉で共有して

いることにより，相手が「何をつくろうとしているか」という意図を，互いに明確に了解できるようになるからである。そこで，幼児は身体を接近させ視野を重ねなくとも，互いの注意の向け先を把握しやすくなる。共通のゴールを了解し，相手の注意の向け先を容易に把握できるような状態では，相手の製作物を注視することで，モノの物理的・視覚的特徴だけでなく，モノに込められている意図やイメージ，心情が察知できるようになり，提案や指示，確認をするという交渉が生じる。それと同時に，自他の視点の違いに気づき，相手のアイデアを採り入れるという模倣行動が生じる。

「つくる」目的や「つくったモノで遊ぶ」目的といった製作目的は，幼児が現実の制約から切り離された想像上の意味世界を構築することを，言葉で伝え合うという相互作用である。共同注意（図8-3では点線で外側に描かれている三角形）が成立することで，直接，モノを注視しなくても相手の注意の向け先を把握しやすくなる。ただし，第7章で示したように，製作目的を言葉で共有する前には，製作物への注視による共同注意の成立（視覚的位相）と，モノを媒介にした遊びの動作やイメージの伝達行為（身体的位相）が見られる。言葉だけで想像上の意味を伝えるのではなく，そこに注視や動作やイメージを「見せる」という身体的な動作があってこそ，幼児期には製作目的が共有されるのである。

幼児期の協働製作において，言葉が果たす役割は大きく，乳幼児期から児童期にかけての製作研究においても談話は主な分析視点となってきた（Gustafson & MacDonald, 2004；Carr, 2000；Rowell, 2002）。幼児期の協働に関する研究においても，言葉で目的や作業を共有することが重要であると指摘されてきた（無藤，1997；佐藤，2009）。しかし，本研究で示したように，言語的位相での相互作用と，視覚的位相や身体的位相での相互作用との相互関連について，保育の場での長期的な観察研究から実証的に検討しているものはなかった。そこで，次に，本研究の意義として，諸位相での相互作用がどのように相互に連関して協働製作を支えているかについて総合的に考察する。

（4）諸位相での相互作用の相互連関性

　図8-3のような共同注意の基本構造の成立には，幼児が他児と隣り合う位置に位置取ることで他児と近い位置に位置取り，視野を重ねることで，他児の製作物を注視するという行動があると考えられる。幼児間で言葉によりモチーフが共有されるのが，この基本構造が成立した後であることを考慮すると，言語的位相での相互作用の基盤には，身体および視野の接近といった身体的位相での相互作用，共同注視といった視覚的位相での相互作用があると考えられる。

　視覚・身体・言語的位相での相互作用にそれぞれ焦点を当て，微視発生的プロセスを検討した結果より，幼児が他者との相互作用を通して新しいモチーフを言葉で生み出すときには，相手の製作物，素材，自分の製作物を交互に注視するという視覚的位相での相互作用があると考えられる。幼児がモノを「見せる」という身ぶりの機能の検討では，「見せる」行為が，《相手と同じモノをつくったことの伝達》を通して相手と同志的な関係をとり結んだり，〈交渉〉を行う機能を持ち，「やりとりの関係」をとり結んだりしている。これらの機能は，「見せる」という身ぶりが，乳児の前言語的行動（やまだ，1987）よりも多くの機能のヴァリエーションを持つことを示している。これは，幼児が言葉によって自分の意図やイメージ，心情をモノに付与できるためであると考えられる。言葉というシンボル的道具により，モノに意味や意図が付与されることで，モノは，単に製作に使用されるだけであった道具（第一次人工物）から，幼児の行為や意図・イメージ・心情を保存し伝達する製作物（第二次人工物）となる。この第一次人工物から第二次人工物へと発展するのは，言葉というシンボル的道具によるところが大きい。一方，製作物を媒介に「つくったモノを使用する遊び」に展開するプロセスには，注視による共同注意の成立，身ぶり・動作による遊びのイメージの伝達がある。このことから，製作物（第二次人工物）を媒介に，想像上の意味世界（第三次人工物）へと発展する過程では，注視や「見せる」動作・身ぶりによる非言

語的な共同注意行動が，イメージ共有に重要な役割を果たしていると考えられる。協働製作では，言葉・身ぶり・動作・注視といった相互作用が共起的に立ち現れる。行為者は，それらの位相を行きつ戻りつしながら，活動を展開させていると言える。

本研究の意義の第2点は，他者との相互作用を通して，幼児がどのように自己表現をしているかというプロセスそのものを明らかにしたことである。これまで，模倣は情報を摂取し，表現に反映することと定義され，模倣の大多数が創造の契機となり（奥, 2004），協働描画の完成に導く要因となることが示されてきた（若山ほか, 2009）。しかし，他児の造形表現から情報を摂取した後に，自分独自の造形表現に変えるプロセス，すなわち，他者から影響を受け，自己表現や創造を行うプロセスは明らかにされてこなかった。

本研究では，この研究課題に取り組み，視覚的位相での相互作用に焦点を当て，他児の製作物の注視を通して幼児が独自のモチーフを生成する微視発生的プロセスを明らかにした。その結果，幼児は，相手の製作物，素材，自分の製作物を交互に注視する中で，独自のモチーフを生み出すこと，その過程で，きわめて短時間ではあるが，互いの製作物や素材から注視を離すという段階があることが見出された。

そして，本研究では，この注視および注意が逸脱する段階を，本章の図8-1が示すように，共同注意の三項関係をいったん解体し，自分と素材が対峙する二項関係を成立させ，独自の表現を生み出すために必要な段階であると考察した。そして，幼児間の模倣に始まった社会的平面での学習過程の後に，模倣した側の幼児の精神内に他児のアイデアや方法などが内化され「わがものとする」（appropriate）心理的過程の間に注意逸脱段階が位置するという説を提示した。ここに，本研究の意義があると考えられる。

第3に，製作目的の言葉での共有に着目し，製作における「つくる」活動と「つくったモノで遊ぶ」活動の展開プロセスを検討することで，幼児がモノを媒介に，現実世界とは相対的に自立した想像上の意味世界を構成するプ

ロセスを示したことである。

　製作の発達に関する先行研究では，4歳から5歳にかけての年齢で，モノの物理的特徴・視覚的特徴から発想してつくる段階から，つくったモノで遊ぶために目的をもってつくる段階へと移行する時期とされている。しかし，幼児がモノから製作物をつくり，製作物を媒介に想像上の意味世界として遊びを創りだすプロセスについては，明らかにされていなかった。本研究では，この研究課題に対し，社会文化的アプローチの「人による媒介の三角形」に位置する人工物の概念を手がかりに取り組んだ。そして，本章の図8-2に示したように，幼児が，製作を行うための素材・道具であったモノ（第一次人工物）を使って，行為や意図・イメージ・心情を保存し伝達する製作物（第二次人工物）を完成させた後，現実の制約から切り離された自由遊びにおける想像上の意味世界（第三次人工物）を構築する過程で，製作物への注視による共同注意の成立と，モノを媒介にした遊びの動作やイメージの伝達（身体的位相）が見られることを示した。

　Wartofskyの論を援用したColeによれば，このような第三次の人工物は，「私たちが実際に見ている「現実」の世界の見方に色彩を与え，実際の活動に変化を与える道具となる。現代心理学のコトバで言うならば，第三次の人工物と相互作用して獲得した行動の様相は，それを用いた直接の文脈を超えて移行することが可能となる」(Cole, 1996a/2002, pp.168-169)。幼児は，家庭では保護者の，幼稚園や保育所では保育者の保護下に生活し，自分で判断し，行動を決めることができない場合が多い。想像上の意味世界では，そのような実際の制約から離れ，自由に戦いや買い物ができるし，実際の自分自身から離れ，'仮面ライダー'になったり'お母さん'になったりすることができる。この想像上の意味世界での振る舞いは，それ以外の文脈にも移行することが可能な，幼児の経験となると考えられる。

　第4に，図8-3に示すように，製作場面での幼児と他者とモノの三項関係における協働や相互作用を規定する要因として，幼児と他者との関係性や，

幼児個人の嗜好する「表現スタイル」がある可能性を示したことである。幼児がモノを「見せる」行為の，時期により異なる機能の検討より，幼児間の関係における親密性が変化し，それに応じて「見せる」行為というコミュニケーションの質も変化することが示された。すなわち，幼児は，相手との関係性によってコミュニケーション機能を使い分けていることが示された。そして，幼児が自他の視点の違いを生かして独自の表現をするには，一人ひとりがそれぞれに固有の視点を備えていることを認め合う関係性が基盤となる可能性が示された。また，幼児間の親密な関係性が形成されてから，モノが媒介となり，「つくったモノを使用する遊び」への活動展開が見られることも示された。このことから，幼児と他者との相互作用の質は，関係性に規定されると考えられる。

また，時期を経るにつれ，幼児個人の嗜好する「表現スタイル」（槇，2003）の個性が，より発揮されるかたちで活動の展開に影響することが示唆された。ごっこ遊びにくらべ，幼児の個人差が強く表れる造形表現を伴う遊びでは，幼児の発達的変化だけでなく，むしろ，それ以上に，幼児の嗜好する「表現スタイル」が，協働や相互作用に影響を与えることが示唆された。

第2節　本研究の理論的意義と限界

本研究は，幼児期の造形表現に関する先行研究，特に乳幼児期から児童期にかけての製作に関する先行研究の課題に対し，社会文化的アプローチにおける「媒介」概念と「共同注意」の理論を手がかりに，視覚的位相・身体的位相・言語的位相という3つの位相での相互作用を分析の視点に検討してきた。そして，4・5歳児クラスの幼児の他者との相互作用を通した幼児の造形表現プロセスの特徴を分析し，幼児期の表現のあり方を明らかにしてきた。本節では，本研究の理論的意義とその限界について述べる。

第1に，造形表現を，まわりの世界を認識し，周囲の人やモノとの相互作

用を通して，自己を新たにつくりだす活動と捉え，諸位相での相互作用の機能と，その相互の関連性を明らかにした。先述したように，芸術・造形表現は，従来，子ども個人の「内から外へ」の内的なものの表出であり，「自己の表現」であると捉えられてきた。しかし，本研究では，4・5歳児クラスの観察研究から，幼児が実際に製作する中での発話や行為を記述し，造形表現が他者やモノとの相互作用を通してなされる活動であることを示した。そこでは，内面の表出だけでなく，周囲の人やモノとのかかわりから新たな表現や発想が生まれていた。そして，この活動における幼児期に固有の特徴として，非言語的なかかわりの重要性を示した。共同注意行動としての視覚的・身体的位相での相互作用が，言語的相互作用の基盤となるのは，表象発達の段階において，主導的な役割を果たす感覚器官が，身体・動作的なものから視覚・映像的なもの，さらに言語・象徴的なものへと移行する幼児期後期（Bruner, 1966/1968）の特徴であると言えるだろう。発達に伴って，言語・象徴的な表象が中心となるにつれ，共同注意も視覚的共同注意から考えの共同注意（ideational joint attention）に移行すると考えられる（Bruner, 1995/1999）。本研究では，非言語的・言語的行動を行って共同注意を成立させ，人の心的状態に関する理解が進む時期である4歳児における協働のあり方を示した。

　これらの知見は，素材の選択や動機といった幼児個人の心理や特性，保育者による題材設定や働きかけといった教育方法の観点から捉えられてきた幼児の造形表現が，場所・空間を共にする人との関係性に基づく相互作用から成り立つ動的なものであることを示している点で，新たな表現への視点を提示している。しかし，他方で，本研究では，モノを介した幼児間の相互作用に焦点を当て検討したため，幼児間の相互作用においてモノ（素材・道具・製作物）の特性が，その相互作用や行為をどのように規定しているかという点については検討していない。どのようなモノがどのような幼児間の相互作用を媒介するのかについて，本研究で得られた事例に基づき，素材や道具ご

とに分類し，分析する必要がある。また，モノの特性を詳細に検討するには，アクション・リサーチのような形で，保育者と協働し，製作コーナーの素材の設定を行い，幼児の発話や行為を観察する必要がある。さらに，本研究では，幼児と他の幼児との相互作用を中心に検討したため，保育者による援助・媒介や，保育者がどのような教育的意図をもってモノを配置しているかという点については検討できていない。これらが本研究の限界である。

　第2に，欧米諸国における協働製作に関する先行研究では，製作は，技術的スキルや技術的知識の獲得，問題解決を通して批判的理解を築く活動（Roth, 2001）と捉えられてきた。そのため，問題解決を行う創造的思考の認知的側面に焦点が当てられていた。一方で，日本の乳幼児期の製作に関する先行研究では，製作を遊びとの関連で捉え，「つくったモノを使用した遊び」との展開の中で論じられてきた（e.g. 吉田，1991；小川，2010；河邉，2005）。これら二つの先行研究群では，異なる教育的意図から製作を捉えていると考えられるが，本研究では二つの先行研究群の知見を参照し，分析視点を定めたことで，遊びの中での仲間との関係，環境への関与を考慮に入れ，表現の認知的プロセスを明らかにすることができた。この点において，遊びの教育的意義を示す知見であると考えられる。しかし，本研究では自由遊び場面での製作を対象としたため，製作を自発的に行った幼児のみが分析対象となっており，中でも他児とともに製作を行うことを好む幼児のみが分析対象となっている可能性がある。製作を自発的に行う幼児以外の幼児や，一人でモノと向き合い製作することを好む幼児の個性を考慮していない点に，自由遊び場面での製作を検討した本研究の限界がある。また，自由遊び場面での製作は，幼児の経験や生活といった自由遊び前後の文脈と関連するものであったり，一斉活動で習得した技術的スキルや素材経験との関連があったりするものと考えられる。しかし，本研究では，造形表現を，園の生活経験の中で総合的に捉えることはできていない。ここに，本研究の限界がある。

　第3に，幼児期の協働に関する先行研究では，幼児が協働の関係を取り結

第8章　総合考察　221

ぶまでの微視発生的過程を明らかにしていたが（無藤，1996b），同年齢他児と共に過ごす保育の場で，並行遊びのような状態から協働で遊ぶようになるまでの過程については検討されていなかった。本研究第3章では，4歳児きいちが，他児との並行遊びのような事例から，モチーフを他児と共有し製作物を使って一緒に遊ぶ事例が見られるようになるまでの6ヶ月間の過程を検討した。第7章では，製作が「つくったモノを使用する遊び」へと展開する際のモノと幼児との相互作用を微視発生的に検討した。並行での製作・遊びから協働での製作・遊びに至る短期的・長期的プロセスを示した点で，幼児期の協働製作に関する先行研究に新たな知見を示したと言える。一方で，身体的位相での相互作用としては，製作物を使用した遊びのふり・動作については十分に検討していない。先行研究では，他児と同じ動きをすることや同じモノを持つことが仲間意識やイメージの共有に結びついていることが示されていることから（砂上・無藤，1999：砂上，2000：砂上，2007：砂上，2013：佐藤，2009），身体やモノでの共鳴に関しては，さらなる考察が求められる。

第3節　本研究の方法論的意義と限界

　第1節でまとめた本研究の結果と第2節で述べた本研究の理論的意義と限界を踏まえた上で，本節では，本研究の方法論的意義と限界を総括する。
　第1に，ビデオを用いて，幼児の注視方向や身体の位置や向き，「見せる」動作といった微細な行動や視線を分析し，幼児期の協働や相互作用の諸相を記述する方法を提案したことである。第4章では，幼児が他児の製作物の注視をした後に，どのように独自の表現を行っているかのプロセスを明らかにするために，幼児の注視方向を図示する視覚的コーディングを行った。この方法により，幼児が他児の製作物から視覚的情報を読み取った上で，その情報を採り入れたり別の意味を付加したりして，自分の表現として外化する際の「視覚的思考」を描出できたと考える。第7章ではCORDTRA（Chrono-

logically-Ordered Representation of Discourse and Tool-Related Activity）を使用して，幼児が言葉で製作目的を共有する際の言語的・非言語的両面での相互作用を分析した。従来の分析方法では，コーディングされた発話や行為の頻度がカウントされ，量的に分析されていたのに対し，CORDTRAでは時系列に沿って，会話と身ぶり・道具使用との関連を示せるため，外在的な道具や記号が，あるプロセスの中でどのような役割を果たしているのかが質的に議論できる（Hmelo-Silver, Chernobilsky & Jordan, 2008；Hmelo-Silver, Liu & Jordan, 2009；Hmelo-Silver, 2003）。ただし，時系列に従って，行為や発話を図式化する方法では，幼児が何に注意を向け，そこからどのような情報を得ているのか，誰のどの発話（行為）が，他の誰のどの発話（行為）に影響を与えたかといった相互作用の力動は捉えられない。そこで，本研究では，そのような限界点を補うため，幼児の製作の事例の中で，特に重要な局面を同定するための手段としてCORDTRAを用い，その重要な局面を短期的な分析単位事例として，ビデオ映像の静止画とその場面での幼児の発話や行為の内容を記述した。このようにCORDTRAを用いて，段階的に焦点を絞って分析を行うことで，事例の文脈を考慮に入れた上で，微細な行動や発話により成り立つ相互作用の微視発生的プロセスの分析を行うことができたと考える。

　第2に，本研究は，幼児の製作がもっとも見られる場として製作コーナーとその周辺に観察場所を限定し，幼児の製作を継続的に観察した。製作コーナーに観察場所を定めることで，製作を好んで行う幼児の個性や「表現スタイル」を検討できた。特に，第7章では，槇（2003）の先行研究を参照し，「もの」タイプと想定される幼児と「感覚」タイプと想定される幼児の個別具体的な製作と遊びの展開を検討することができた。この点で，個性に応じた製作プロセスの検討ができたと考えられる。一方で，製作コーナーという場が，年間の時期や時間ごとにどのように環境構成を変え，幼児の活動展開の相違をもたらしたかについては検討できていない。この点が，方法論としての本研究の限界である。

第4節　今後の課題

　最後に，本研究で残された課題を整理する。
　第1に，図8-3に示した通り，幼児間の相互作用を規定する要因としては，幼児間の関係性の変化，幼児の個性（「表現スタイル」）の発揮のほか，発達的変化といった要因が考えられる。第6章では，相互作用の時期的相違の要因を，幼児間の関係における親密性形成にあると考え，幼児間の関係における親密性の形成の基準を，保育者の発言や観察期間中の共に製作している頻度に求めた。しかし，二者間の親密性に関する先行研究では，親密性の有無について，幼児間の交渉回数の多さや時間の長さのほかに，幼児に好きな子や仲の良い子を尋ねるペアリングの指名法や，それと実際の対人行動を併せたソシオメトリック法などを用いて同定している。今後は，観察研究だけでなく，このような指標を用いて，幼児間の相互作用と親密性との関連を検討することが課題として残されている。また，上述したように，時期的相違の要因として，幼児間の関係における親密性の形成だけでなく，乳幼児のモノの扱いに関する発達的変化や，自己主張と自己抑制といった自己調整能力の発達，個性（「表現スタイル」）の発揮の時期による相違，保育者の教育的意図といった要因も考えられる。保育の場では，これらの要因が複層的に絡み合って，幼児の相互作用の変化をもたらしていると考えられることから，上記の要因の同定を進めるために，幼児へのインタビューや発達検査，保育者へのインタビュー等，複数の研究方法を組み合わせて研究を精緻化することを課題とする。
　第2に，本研究では，自由遊び場面での製作を対象としたため，製作を自発的に行った幼児のみが分析対象となっている。そのため，観察された相互作用は，幼児の特性や属性，個性において偏りが生じている可能性がある。特に，第5章では，研究協力者56名のうち，「見せる」行為が観察された幼

児30名の「見せる」行為を分析対象としたが，そこで明らかになった相互作用の特徴は，分析対象となった幼児個人の属性や個性に依存する可能性がある。このような偏りを解消するために，幼児の区別をして平均値を算出し，統計的検定を行うなどの再検討が必要である。

　第3に，前節であげた方法論の課題と関連し，自由遊び場面での製作コーナーをデザインする保育者の専門性について明らかにすることである。製作コーナーという場が，年間の時期や時間ごとにどのように環境構成を変え，幼児の活動展開の相違をもたらしたかについて明らかにするために，保育者が設定する素材の種類・数・見せ方により，幼児の相互作用がどのように異なるのかを，具体的な幼児の発話や行動に基づき，検討する必要がある。素材だけでなく，製作コーナーのテーブルの設置の仕方，椅子の有無，保育者の位置取りといった場の設定を，保育者は教育的意図により変えていると考えられる。保育者のこのような物的・空間的環境構成における教育的意図を検討し，「環境を通した保育」の方法を明らかにすることが今後に残された課題である。

　第4に，本章第2節で述べた本研究の限界とも関連し，本研究はモノを介した幼児間の相互作用に焦点を置いていたため，素材や道具の特性により相互作用にどのような相違が見られるのかは検討していない。どのような素材・道具が，どのような相互作用を媒介するのかを明らかにすることは，環境に教育的意図を埋め込み，「環境を通した保育」を行う幼児教育実践において重要な課題である。特に，本研究で対象とした自由遊び場面での製作コーナーでの造形表現においては，保育者の直接的な指導は少なく，幼児が自発的に素材を選び，製作を始めるため，幼児間の相互作用を誘発する素材の特性について検討を行うことが重要な課題である。

初 出 一 覧

　本研究の一部は，下記の論文において発表した内容に加筆・修正したものである。以下に，各章に対応する4編の論文の初出を示す。

第1章
佐川早季子（2015）乳幼児期から児童期にかけての制作研究の展望，東京大学大学院教育学研究科紀要，54，399-410．

第3章
佐川早季子（2014）幼児の造形表現におけるモチーフの共有過程の検討―身体配置・視線に着目して，保育学研究，52(1)，43-55．

第4章
佐川早季子（2013）幼児の共同的造形遊びにおけるモチーフの生成過程の分析―幼児の注視方向に着目して，保育学研究，51(2)，15-27．

第5章
佐川早季子（印刷中）4歳児の製作場面におけるモノを他者に「見せる」行為の機能の検討―幼児は誰に，何のためにモノを見せるのか―，子ども学，6．

第6章
佐川早季子（2017）幼児同士の仲間関係形成に伴う造形表現過程の変化―4歳児の製作場面におけるモノを「見せる」行為と製作過程に着目して―，保育学研究，55(1)，31-42．

引 用 文 献

秋田喜代美（2000）子どもをはぐくむ授業づくり―知の創造へ，岩波書店．
秋田喜代美・増田時枝（2001）ごっこコーナーにおける「役」の生成・成立の発達過程，東京大学大学院教育学研究科紀要，41，349-364．
Anning, A.(1994) Dilemmas and opportunities of a new curriculum: Design and technology with young children, *International Journal of Technology and Design Education*, 4, 155-177.
Arnheim, R.(1954) *Art and visual perception*, Univ. of California Press.（波多野完治・関計夫訳（1963）『美術と視覚』美と創造の心理学　上巻，美術出版社．）
Arnheim, R.(1969) *Visual thinking*. California University of California Press.（関計夫訳（1974）視覚的思考―創造心理学の世界．美術出版社．）
Ash, D.(2007) Using video data to capture discontinuous science meaning making in nonschool settings. In R. Goldman, R, Pea, B. Barron, & S. J. Derry (Eds.), *Video research in the learning sciences*, Erlbaum, 207-226.
Baron-Cohen, S.(1995) The eye direction detector (EDD) and the shared attention mechanism (SAM): Two cases for evolutionaly psychology, In Moore, C. & Dunham, P. J. (Eds.) *Joint Attention*, Lawrence Erlbaum.（視線検出器（EDD）と注意共有メカニズム（SAM）―進化心理学における2つのケース―，大神英裕監訳（1999）ジョイント・アテンション―心の起源とその発達を探る―，ナカニシヤ出版，41-56．）
Baron-Cohen, S., Campbell, R., Karmiloff-Smith, A., Grant, J. & Walker, J.(1995) Are children with autism blind to the mentalistic significance of the eyes?, *British Journal of Developmental Psychology*, 13, 379-398.
Broaders, S. Cook, S. W., Mitchell, Z., & Goldin-Meadow, S.(2007) Making children gesture brings out implicit knowledge and leads to learning, *Journal of Experimental Psychology: General*, 136, 539-550.
Bruner, J. S.(1966) *Study in cognitive growth: A collaboration at the center for cognitive studies*, John Wiley & Sons, Inc.（岡本夏木・奥野茂夫・村川紀子・清水美智子訳．（1968）認識能力の成長．明治図書．）
Bruner, J. S.(1995) From joint attention to the meeting of minds: An introduction. In C. Moore & P. J. Dunham (Eds.), *Joint attention: Its origin and role in de-*

velopment, 189-203, Lawrence Erlbaum.（大神英裕監訳（1999）ジョイント・アテンション―心の起源とその発達を探る―，ナカニシヤ出版，1-14.）

Bucciarelli, L. L.（1988）An ethnographic perspective on engineering design, *Design Studies*, **9**(3), 159-168.

Carr, M.（2000）. Technological affordance, social practice and learning narratives in an early childhood setting, *International Journal of Technology and Design Education*, **10**, 61-79.

Chinn, C. A. & Sherin, B. L.（2014）Microgenetic methods. In K. Sawyer.（Ed.）*The Cambridge handbook of the learning sciences: Second edition*, Cambridge University Press, 171-190.

Cole, M.（1993）A cultural-historical approach to distributed cognition. In Salomon, G.（Ed.）*Distributed cognitions,* Cambridge University Press.

Cole, M.（1996a）*Cultural psychology: A once and future discipline,* Harvard University Press.（天野清訳（2002）文化心理学―発達・認知・活動への文化―歴史的アプローチ．新曜社．）

Cole, M.（1996b）*Culture in mind,* Cambridge, MA: Harvard University Press.

Curriculum Corporation.（1994）*A Statement on Technology for Australian Schools,* Author.

Department of Education and Science.（1987）*Craft, Design and Technology from 5 to 16,* HMSO.

Dolev, J. G., Friedlaender, L. K. & Braverman, I. M.（2001）Use of fine art to enhance visual diagnostic skills, *JAMA*, **286**/9, 1020-1021.

Dunham, P. J. & Moore, C.（1995）: Current themes in research on joint attention, In Moore C., Dunham P. J.（Eds.）, *Joint attention: Its origins and role in development,* 15-28, Lawrence Erlbaum Associates.（大神英裕監訳（1999）ジョイント・アテンション―心の起源とその発達を探る―，ナカニシヤ出版，15-27.）

Eisner, E. W.（2002）*The arts and the creation of mind,* Yale University Press.

Engeström, Y.（1987）*Learning by expanding,* Helsinki: Orienta-Konsultit.（山住勝広・松下佳代・百合草禎二・保坂裕子・庄井良信・手取義宏・高橋登訳（1999）拡張による学習―活動理論からのアプローチ，新曜社．）

Fleer, M.（2000）Working technologically: Investigations into how young children design and make during technology education, *International Journal of Technology and Design Education*, **10**, 43-59.

福﨑淳子（2006）園生活における幼児の「みてて」発話—自他間の気持ちを繋ぐ機能—，相川書房．

Gardner, H. (1980) *Artful scrribles: The significance of children's drawing*, Basic Books.（星三和子訳（1996）子どもの描画—なぐり描きから芸術まで，誠信書房．）

Goldin-Meadow, S., Alibali, M. W. & Church, R. B., (1993) Transitions in concept acquisition: Using the hand to read the mind. *Psychological Review*, 100, 279-297.

Goldman, R., Erickson, F., Lemke, J., & Derry, S. J. (2007) Selection in video. In S. J. Derry (Ed.) *Guidelines for video research in education: Recommendations from an expert panel*. Retrieved October 13, 2012 from http://drdc.uchicago.edu/what/video-research.html, 15-23.

Goldman, R., Pea, R., Barron, B. & Derry, S. J. (2007) *Video research in the learning sciences*, Erlbaum.

Gustafson, B. J. & Rowell, P. M. (1998) Elementary children's technological problem solving: Selecting an initial course of action. *Research in Science and Technological Education*, 16(2), 151-163.

Gustafson, B. J. & MacDonald, D. (2004) Talk as a tool for thinking: Using professional discourse practices to frame children's design-technology talk, *Canadian Journal of Science, Mathematics and Technology Education*, 4, 331-351.

Halverson, E. R. & Sheridan, K. M. (2014) Arts education and the learning sciences. In K. Sawyer. (Ed.) *The Cambridge handbook of the learning sciences: Second edition*, Cambridge University Press, 626-646.

原孝成（1995）幼児における友だちの行動特性の理解—友だちの行動予測と意図—，心理学研究, 65(6), 419-427.

Hedegaard, M. (2007) The development of children's conceptual relation to the world with a focus on concept formation in preschool children's activity. In H. Daniels, M. Cole, & J. V. Wertsch (Eds.), *The Cambridge companion to Vygotsky*, Cambridge University Press, 246-275.

Hennessy, S. & Murphy, P. (1999) The potential for collaborative problem solving in design and technology. *International Journal of Technology and Design Education*, 9, 1-36.

Hetland, L., Winner, E., Veenema, S. & Sheridan, K. M. (2013) *Studio thinking: The real benefits of visual arts education*, Teachers College Press.

Hmelo-Silver, C. E. (2003). Analizing collaborative knowledge construction: Multiple methods for integrated understanding, *Computer & Education*, 41, 397-420.

Hmelo-Silver, C. E., Chernobilsky, E., & Jordan, R. (2008) Understanding collaborative learning processes in new learning environments, *Instructional Science*, 36, 409-430.

Hmelo-Silver, C. E., Chernobilsky, E., & Nagarajan, A. (2009) Two sides of the coin: Multiple perspectives on collaborative knowledge construction in online problem-based learning. In K, Kumpulainen, C. E. Hmelo-Silver, & M, Cesar (Eds.), *Investigating classroom interaction: Methodologies in action*, Sense Publishers, 73-98.

Hmelo-Silver, C. E., Liu, L., & Jordan, R. (2009) Visual representation of a multidimentional coding scheme for understanding technology-mediated learning about complex natural systems, *Research and Practice in Technology Enhanced Learning*, 4(3), 253-280.

本郷一夫 (1996) 友だちの形成過程に関する研究(1)―保育所の2～3歳児クラスにおける子ども同士の関係―，日本教育心理学会第38回総会発表論文集，162.

石黒広昭 (2001) AV機器をもってフィールドへ―保育・教育・社会的実践の理解と研究のために―，新曜社.

石黒広昭 (2004) 学習活動の理解と変革にむけて：学習概念の社会文化的拡張，石黒広昭編著，社会文化的アプローチの実際，北大路書房，2-32.

Ivic, I. (1989) Profile of educators: Lev. S. Vygotsky (1896-1934), *Prospects, XIX(3)*, 245-258.

Johnsey, R. (1995) The design process-Does it exist?: A critical review of published models for the design process in England and Wales, *International Journal of Technology and Design Education*, 5, 199-217.

Kangas, K., Seitamaa-Hakkarainen, P. & Hakkarainen, K. (2013) Design thinking in elementary students' collaborative lamp designing process, *Design and Technology Education: An International Journal*, 18, 30-43.

Karpov, Y. V. (2005) *The Neo-Vygotskian approach to child development*, Cambridge University Press.

柏木恵子 (1988) 幼児期における「自己」の発達―行動の自己抑制機能を中心に―，東京大学出版会.

河邉貴子 (2005) 遊びを中心とした保育，萌文書林.

花篤實（1999）幼児造形教育の基礎知識，建帛社．

花篤實・山田直行・岡一夫（1990）表現—絵画製作・造形—〈理論編〉，三晃書房．

Kellog, R. (1969) *Analyzing children's art*, National Press Books. (深田尚彦訳 (1979) 児童画の発達過程，黎明書房．)

Kimbell, R., Stables, K., Wheeler, T., Wosniak, A., Kelly, V. (1991) *The Assessment of performance in Design and Technology: The final report of the APU Design and Technology Project*, School Examinations and Assessment Council/Evaluation and Monitoring Unit.

岸井慶子（2013）見えてくる子どもの世界—ビデオ記録を通して保育の魅力を探る—，ミネルヴァ書房．

厚生労働省（2008）保育所保育指針解説書，フレーベル館．

子安増生・木下孝司（1997）〈心の理論〉研究の展望，心理学研究，**68**，51-67．

Lawson, B. (1980) *How designers think*, The Architectural Press.

Luckin, R. (2003) Between the lines: Documenting the multiple dimention of computer supported collaborations, *Computers & Education*, **41**, 379-396.

Luquet, G. (1927) *Le dessin enfantin*. Alcan. (須賀哲夫訳 (1979) 子どもの絵，金子書房．)

槇英子（2003）幼児の表現活動に見られる「表現スタイル」，乳幼児教育学研究，**12**，75-88．

槇英子（2004）幼児の「表現スタイル」に配慮した保育実践，保育学研究，**42**(2)，35-44．

槇英子（2008）保育をひらく造形表現，萌文書林．

松本健義・服部孝江（1999）砂場における幼児の造形行為のエスノメソドロジー，上越教育大学研究紀要，**18**(2)，517-536．

松本健義（2004）造形教育の変革：協働される創造と知，石黒広昭編著，社会文化的アプローチの実際，北大路書房，153-185．

松村明編（2006）大辞林第三版，三省堂．

箕浦康子（1999）フィールドワークの技法と実際—マイクロ・エスノグラフィー入門，ミネルヴァ書房．

三浦真理（2001）幼児の遊びのできごとと遊びの道具の生成過程，上越教育大学幼児教育研究，**15**，38-41．

三浦真理（2002）幼児のつくり表す行為と遊びの道具の生成過程，大学美術学会誌，**34**，423-430．

宮崎清孝（2012）芸術教育―活動としての芸術を経験すること，茂呂雄二・有元典文・青山征彦・伊藤崇・香川秀太・岡部大介編，状況と活動の心理学―コンセプト・方法・実践，新曜社，202-205.

文部省（1989）幼稚園教育要領，大蔵省印刷局．

文部科学省（2008）幼稚園教育要領解説，フレーベル館．

茂呂雄二（2012）活動―媒介された有意味な社会的実践，茂呂雄二・有元典文・青山征彦・伊藤崇・香川秀太・岡部大介編，状況と活動の心理学―コンセプト・方法・実践，新曜社，4-10.

無藤隆（1996a）身体知の獲得としての保育．保育学研究，34(2)，8-15.

無藤隆（1996b）幼児同士の付き合いの成立過程の微視発生的検討，人間関係学研究，3(1)，15-23.

無藤隆（1997）協同するからだとことば―幼児の相互交渉の質的分析―，金子書房．

長橋聡（2013）子どものごっこ遊びにおける意味の生成と遊び空間の構成，発達心理学研究，24(1)，88-98.

長坂光彦（1977）絵画製作・造形，川島書店．

National Curriculum Council（1993）*Technology programs of study and attainment targets: Recommendations of the National Curriculum Council*. National Curriculum.

小川博久（2010）遊び保育論，萌文書林．

岡田猛・横地早和子・石橋健太郎（2004）芸術創作プロセスの理解に向けて：認知心理学の視点．人工知能学会誌，19，214-221.

奥美佐子（2003）幼児の描画における模倣の研究：模写能力から考える，名古屋柳城短期大学研究紀要，25，51-65.

奥美佐子（2004a）幼児の描画における模倣の研究：摂取した情報の質的検討，名古屋柳城短期大学研究紀要，26，67-78.

奥美佐子（2004b）幼児の描画過程における模倣の効果，保育学研究，42(2),163-174.

奥美佐子（2005）幼児の描画過程における模倣と美的経験，名古屋柳城短期大学研究紀要，27，43-52.

奥美佐子（2008）0～3歳児の描画過程で子ども間の模倣は出現するか：1年間の記録から検討する，名古屋柳城短期大学研究紀要，27，43-52.

奥美佐子（2010）自由画における子ども間の模倣1：自由画とは何か，神戸松蔭女子学院大学研究紀要人文科学・自然科学篇，51，29-46.

奥美佐子（2011）自由画における子ども間の模倣2，神戸松蔭女子学院大学研究紀要

人文科学・自然科学篇, 52, 115-128.

奥美佐子 (2012) 描画過程における子ども間の模倣の研究：模倣を創造へ導くために, 神戸松蔭女子学院大学研究紀要人間科学部篇, 1, 61-73.

Patel, K. (2008) *Thinkers in the kitchen: Embodied thinking and learning in practice*. UMI dissertation services ProQuest.

Roden, C. (1997) Young children's problem-solving in design and technology: Towards a taxonomy of strategies, *Journal of Design and Technology Education*, 2, 14-19.

Roden, C. (1999) How children's problem solving strategies develop at Key Stage 1, *Journal of Design and Technology Education*, 4, 21-27.

Rogoff, B. (1994) Developing understanding of the idea of communities of learners, *Mind, Culture and Activity*, 1(4), 209-229.

Rogoff, B. (1997) Cognition as a collaborative process, in W. Damon, D. Kuhn & R. S. Siegler (Eds.), *Handbook of Child Psychology*, 2, Wiley & Sons, 679-744.

Roth, W. M. (2001) Modeling design as situated and distributed process, *Learning and Instruction*, 11, 211-239.

Rowell, P. M. (2002) Peer interactions in shared technological activity: A study in participation, *International Journal of Technology and Design Education*, 12, 1-22.

佐藤学 (1999) 表現の教育から表現者の教育へ. 佐藤学. 学びの快楽―ダイアローグへ, 世織書房.

佐藤康富 (2009) 幼児期の協同性における目的の生成と共有の過程, 保育学研究, 47(2), 39-48.

Sawyer, R. K. (2006) Analyzing collaborative discourse. In Sawyer, R. K. (Ed.) *The Cambridge handbook of learning sciences,* Cambridge University Press.（森敏昭・秋田喜代美訳 (2009) 学習科学ハンドブック, 培風館, 143-156.）

Sfard, A., & Kieran, C. (2001) Cognition as communication: Rethinking learning-by-talking through multi-faceted analysis of students' mathematical interactions, *Mind, Culture, and Activity*, 8(1), 42-76.

Siegler, R. S. & Crowley, K. (1991) The microgenetic method: A direct means for studying cognitive development, *American Psychologist*, 46(6), 606-620.

Siegler, R. S. (2006) Microgenetic analyses of learning. In W. Damon & R. M. Lerner (Series Eds.) & D. Kuhn & R. S. Siegler (Vol. Eds.) *Handbook of child psy-*

chology: Volume2: Cognition, perception, and language, Wiley, 464-510.

柴田和豊（1992）「創美」研究に向けて，東京学芸大学紀要　第5部門　芸術・健康・スポーツ科学，44, 41-50.

清水益治・無藤隆（2011）保育の心理学Ⅱ，北大路書房．

宍戸栄美・荒木陽子・大谷倫子・荻野智佳子・虎頭るみ子・中村かよ子・田中雅道（1995）環境との関わりで学ぶこと．村井潤一編，障害児臨床と発達研究，コレール社，51-63.

菅井勝雄（2012）現代の発達心理学理論，ヴィゴツキーをめぐって．中島義明編，現代心理学［事例］事典，朝倉書店，21-53.

砂上史子・無藤隆（1999）子どもの仲間関係と身体性―仲間意識の共有としての他者と同じ動きをすること，乳幼児教育学研究，8, 75-84.

砂上史子（2000）ごっこ遊びにおける身体とイメージ―イメージの共有として他者と同じ動きをすること，保育学研究，38(2), 177-184.

砂上史子（2002）幼児の遊びにおける場の共有と身体の動き，保育学研究，40(1), 64-74.

砂上史子（2004）ビデオによる観察．無藤隆・やまだようこ・南博文・麻生武・サトウタツヤ編，質的心理学―創造的に活用するコツ，140-154.

砂上史子（2007）幼稚園における幼児の仲間関係と結びつき―幼児が「他の子どもと同じ物を持つ」ことに焦点を当てて，質的心理学研究，6, 6-24.

高橋たまき（1984）乳幼児の遊び―その発達プロセス，新曜社，1984.

高櫻綾子（2008）遊びのなかで交わされる「ね」発話にみる3歳児の関係性，保育学研究，46(2), 214-224.

高櫻綾子（2013）幼児間の親密性―関係性と相互作用の共発達に関する質的考察，風間書房

Tishman, S. D., MacGillivray, D. & Palmer, P. (1999) *Investigating the educational impact and potential of the Museum of Modern Art's Visual Thinking Curriculum: Final report to the Museum of Modern Art*, Museum of Modern Art.

Tomasello, M. (1995) Joint attention as social cognition. In C. Moore, & P. J. Dunham (Eds.), *Joint attention: Its origins and role in development*, Lawrence Erlbaum Associates, 103-130.（大神英裕監訳（1999）ジョイント・アテンション―心の起源とその発達を探る―，ナカニシヤ出版，93-117.）

Tomasello, M. (1999) *The cultural origins of human cognition*, Harvard University Press.（大堀壽夫・中澤恒子・西村義樹・本多啓訳（2006）心とことばの起源を

探る―文化と認知,勁草書房.)
Tomasello, M. (2009) *Why we cooperate*, Massachusetts Institute of Technology.（橋彌和秀訳（2013）ヒトはなぜ協力するのか,勁草書房.)
辻弘・杉山明博（1981）造形形態論,三晃書房.
塚野弘明（2012）媒介―主体・道具・対象―,茂呂雄二・有元典文・青山征彦・伊藤崇・香川秀太・岡部大介編,状況と活動の心理学―コンセプト・方法・実践,新曜社,44-51.
上野直樹（1996）協同的な活動を組織化するリソース,認知科学,3(2),5-24.
Vygotsky, L. S. (1960) *The development of higher mental functions.* (*Razvitie vysfych psichiieskich funkcij*), Moscow,. Izd, APN.（柴田義松訳（2005）文化的―歴史的精神発達の理論,学文社.)
Vygotsky, L. S. (1967) Play and its role in the mental development of the child, *Soviet Psychology*, 5(3), 6-18.（子どもの心理発達における遊びとその役割,神谷栄司訳（1989）ごっこ遊びの世界：虚構場面の創造と乳幼児の発達,法政出版,2-34.)
Vygotsky, L. S. (1978) *Mind in society: The development of higher psychological processes*, Harvard University Press.
Vygotsky, L. S. (1981) The genesis of higher mental functions. In J. V. Wertsch (Ed.), *The concept of activity in Soviet psychology*, 144-188, Armonk, Sharpe.
Vygotsky, L. S. 柴田義松訳（1987）心理学の危機―歴史的意味と方法論の研究.明治図書.
若山育代・岡花祈一郎・一色玲子・淡野将太（2009）5歳児の協働描画の成立要因に関する一考察：非再現的表現「お化けトラック」を取り上げて,学習開発学研究,2,51-60.
若山育代（2010）年長児の非再現的協同描画における協同性の事例研究：非再現的協同描画の支援を目指して,美術教育学：美術科教育学会誌,31,415-427.
Wartofsky, M. W. (1979) *Models: Representation and the scientific understanding*, Reidel.
綿巻徹（1998）言葉の使用からみた心の交流,丸野俊一・子安増生編,子どもが「こころ」に気づくとき,ミネルヴァ書房,143-170.
Wertsch, J. V. (1998). *Mind as action*, Oxford University Press.（佐藤公治・田島信元・黒須俊夫・石橋由美・上村佳世子（2002）行為としての心,北大路書房）
Wimmer, H., & Perner, J. (1983) Beliefs about beliefs: Representation and constrain-

ing function of wrong beliefs in young children's understanding of deception. *Cognition*, **13**, 103-128.

Winner, E., Goldstein, T. R. & Vincent-Lancrin, S. (2013) *Art for Art's sake?: The impacts of arts education*, OECD Publications.

山田康彦（1991）戦後日本芸術教育理論への一視角：創造美育運動の思想的射程，美術教育学：美術科教育学会誌，**12**，305-314.

やまだようこ（1987）ことばの前のことば―ことばが生まれるすじみち1，新曜社.

横地早和子・岡田猛（2007）現代芸術家の創造的熟達の過程，認知科学，**14**(3)，437-454.

吉田泰男（1991）美的教育原論―あそびの中に感性と知性の内化と外化を求める幼児造形教育論の確立，文化書房博文社.

謝　　辞

　本書は，2016（平成28）年3月東京大学大学院教育学研究科に受理されました学位論文に，若干の加筆修正を行ったものです。本書を執筆するにあたり，多くの方々のお力添えをいただきました。

　研究へのご協力を快くお引き受けくださいました幼稚園の園長先生はじめ，すべての先生方，職員の皆様に心より感謝申し上げます。観察者として大変未熟で，ご迷惑をおかけしたことと思いますが，寛大に接してくださり，インタビューにも快く応じてくださいました。多くのことを学ばせていただき，誠にありがとうございました。
　いつも温かく迎えてくれた子どもたちに心からの感謝の気持ちを捧げます。絵を描いたりつくったりし，想像力を使って形や色に意味づけること，その意味を他の人にも伝えたいと思うことは，人の根源的な欲求なのだということを学ばせていただきました。子どもたちの素朴な表現と，人と人とのコミュニケーションを通して生まれる表現，表現を通して生まれるコミュニケーションについて，これからもっと研究を深めていきたいと思っています。
　指導教員の秋田喜代美先生に，厚く御礼申し上げます。博士論文執筆までの長い道のり，ご心配をおかけしたことも多々あったかと思いますが，いつも迅速に的確なご指導をくださり，背中を押してくださいました。修士課程で研究の問いを見つけるまでが特に苦しい時期でしたが，丁寧なご指導のおかげで自分の問いに出会えました。研究の内容や研究に向かう姿勢ばかりでなく，地に足をつけて生きて行くための社会人としてのあり方までを，時には温かく時には厳しく教えてくださいました。保育・教育をめぐる問題は複雑ですが，子どもにとっての最善は何かを考え，代弁する先生の姿勢に，多

くのことを学ばせていただきました。先生のもとで学んだことを財産とし，これからも研究や教育等に取り組んでまいります。そして，次の方にご恩を送っていきたいと思っております。

　修士課程から論文検討会等でご指導くださいました東京大学大学院教育学研究科教職開発コースの先生方，博士論文の査読委員を引き受けてくださいました東京大学大学院教育学研究科の佐々木正人先生，岡田猛先生，藤江康彦先生，浅井幸子先生に厚く御礼申し上げます。お忙しい中，研究の意義にかかわる部分から分析の方法や考察の考え方まで，丁寧にコメントをしていただきました。実践への示唆にかかわる部分について，つねに問いかけてくださり，考えを深めることを促していただきました。誠にありがとうございました。

　秋田研究室の皆様ならびに研究科にいらした院生の皆様に，心より感謝申し上げます。研究室の皆様の研究内容や研究に取り組む真摯な姿勢に，私自身，大変刺激を受け，人が学ぶことそのものへの考え方が大きく変わりました。私の研究に対しても，たくさんのご助言や励ましをいただき，研究室の中で，協働や学び合い，支え合いを経験させていただいたことは，一生の財産だと思っております。特に，修士課程の頃から何度も相談に乗ってくださった淀川裕美さんには，大変お世話になりました。子どもたちへのあたたかなまなざしに日々学ばせていただいています。心より深く感謝申し上げます。

　研究活動の遂行にあたっては，公益財団法人発達科学研究教育センター「発達科学研究教育奨励賞」（学術研究助成）と独立行政法人日本学術振興会科学研究費補助金（特別研究員奨励費）を頂戴しました。本書の刊行にあたっては，独立行政法人日本学術振興会平成29年度科学研究費助成事業（科学研究費補助金）（研究成果公開促進費　課題番号17HP5228）を頂戴しました。経済的な助成をいただいただけでなく，研究者として社会に研究知見を還元していくという責任感も自覚する契機となりました。心より感謝申し上げます。また，風間書房の風間敬子社長には，刊行に至るまでの過程で何度も細かな相

談に乗っていただき，大変お世話になりました。誠にありがとうございました。

　最後に，本書を書き上げるまでの道のりを一番近くで支え，協力し続けてくれた家族に心から感謝の気持ちを伝えます。第一子である娘が生まれたことは，私の研究者人生にとって大きな転機となり，保育・幼児教育学研究に足を踏み入れる決断へと導いてくれました。奨学金を借りながらの苦しい状況での大学院生活でしたが，つねに研究への理解と協力を示してくれた夫，博士課程の途中から京都に引っ越し，新幹線で大学院に通う私に毎回お守りと「がんばってね」というお手紙を持たせてくれた娘，修士課程入学と同時に生まれ，屈託のない笑顔で心を解きほぐしてくれた息子に支えられ，癒され，本書を執筆することができました。心から感謝します。ほかにも，友人，親戚の皆さんをはじめ，たくさんの方々に支え励ましていただきました。ここに心からの感謝を表します。

2017年12月

佐川　早季子

著者略歴

佐川　早季子（さがわ　さきこ）

2003年　東京大学文学部（言語文化学科）卒業
2006年　東京大学大学院総合文化研究科　修士課程修了
2013年　東京大学大学院教育学研究科　修士課程修了
2016年　東京大学大学院教育学研究科　博士課程修了，博士（教育学）
現　在　奈良教育大学教育学部准教授

他者との相互作用を通した幼児の造形表現プロセスの検討

2018年1月31日　初版第1刷発行

著　者　　佐川早季子

発行者　　風　間　敬　子

発行所　　株式会社　風　間　書　房
〒101-0051　東京都千代田区神田神保町 1-34
電話 03(3291)5729　FAX 03(3291)5757
振替 00110-5-1853

印刷　太平印刷社　　製本　高地製本所

©2018 Sakiko Sagawa　　　　　　　　NDC 分類：143
ISBN978-4-7599-2212-7　　Printed in Japan

JCOPY 〈(社)出版者著作権管理機構　委託出版物〉
本書の無断複製は、著作権法上での例外を除き禁じられています。複製される場合はそのつど事前に(社)出版者著作権管理機構（電話 03-3513-6969，FAX 03-3513-6979，e-mail: info@jcopy.or.jp）の許諾を得てください。